한국 교회의 소망,
직장선교 제자사역에
달려 있다

다시 제자가 온다

다시 제자가 온다

초판 1쇄 발행 2019년 5월 1일

지 은 이 이강일
발 행 인 권선복
편   집 권보송
디 자 인 유수정
전 자 책 서보미
발 행 처 도서출판 행복에너지
출판등록 제315-2011-000035호
주   소 (157-010) 서울특별시 강서구 화곡로 232
전   화 0505-613-6133
팩   스 0303-0799-1560
홈페이지 www.happybook.or.kr
이 메 일 ksbdata@daum.net

값 15,000원
ISBN 979-11-5602-717-1 03230

도서출판 행복에너지는 독자 여러분의 아이디어와 원고 투고를 기다립니다.
책으로 만들기를 원하는 콘텐츠가 있으신 분은 이메일이나 홈페이지를 통해
간단한 기획서와 기획의도, 연락처 등을 보내주십시오. 행복에너지의 문은 언
제나 활짝 열려 있습니다.

다시 제자가 온다

다시 제자가 오는 믿음의 역사를 기대하면서

박성배 | CBS 방송아카데미 교수, 『한국이 온다』, 『인생 건축술』 외 저자,
극동방송 히즈북 진행

하나님의 계획과 섭리 가운데서 이강일 저자와 만났습니다. 『다시 제자가 온다』의 저자 이강일 목사님을 만난 것은 제가 출간한 10번째 책인 『인생건축술』을 통해서였습니다. 광화문 교보문고에서 『인생건축술』을 구입해서 읽으신 저자는 제게 전화를 걸어오셨습니다. 그리고 광화문 교보 그 자리에서 만나 인증 사인을 하고 귀한 책을 쓸 수 있도록 코칭을 하게 되었습니다.

이강일 저자가 이번에 출간한 『다시 제자가 온다』는 어린 시절 척박한 삶의 현실에도 굴하지 않고 인생을 시작했던 감동적인 인간 승리의 발걸음으로부터 시작합니다. 그 어렵고 힘든 삶의 굴곡진 곳에서 몸을 일으켜 세워 저자는 7급 공무원 시험에 도전하여 합격하였고, 내무부 중앙소양고사에서

1위에 입상하는 등 노력하는 자세를 보여주었습니다. 오랜 세월 공직자로서 성실과 최선을 다해왔던 삶은 많은 사람들에게 귀감이 될 만한 삶의 여정이었습니다. 그 삶의 행진은 강원도 치악에서 대한민국 서울의 광화문까지 이어졌습니다. 그리고 공직에 몸담고 있는 가운데 저자는 인생을 결정짓는 귀한 만남을 갖게 됩니다. 그것은 예수님과의 만남이었고, 제자훈련 멘토와의 만남이었습니다.

제자훈련을 받은 이강일 저자는 그 후 예수님을 배워가는 좋은 제자가 되어가면서 십여 명의 제자들을 양육하여 세우는 귀한 사역을 해왔습니다. 예수님이 마지막으로 분부하신 '제자 삼으라(마28:18-20)'는 명령에 순종한 헌신의 삶이었습니다. 한 사람의 헌신된 제자가 또 다른 헌신된 제자를 만들어간다는 예수님과 사도 바울의 정신을 말로만이 아닌 삶으로 실천하였습니다.

지금 한국 교회는 침체되어 있습니다. 뜨거운 열정으로 신앙생활을 하고 제자 삼던 교회와 사역자들이 지금은 그 열정을 잃어버리고 방황하고 있습니다. 저는 이번에 각고의 노력으로 다듬고 다듬어서 출간하는 이강일 저자님의 첫 책인 『다시 제자가 온다』의 원고를 여러 번 읽어보면서 뜨거운 감동과 눈물을 흘리지 않을 수 없었습니다. 그것은 척박한 삶의 자리에서 굴하지 않고 일어나 인생을 개척해 온 저자 이강일 님의 인생 승리에서 느껴지는 감동의 눈물이었습니다. 그리고 무엇보다도 한 사람의 잘 준비된 제자가 되기 위해서 죽을힘을 다해 훈련받고 헌신해 온 저자 이강일 님을 향한 힘찬 박수와 함께 드리는 응원의 눈물이었습니다. 저자 이강일 님의 책 제목대로 우리들의 신앙생활과 믿음은 나태하고 침체된 자리에서 일어나 다시 제자 삼아야 합니다. 그래야 내가 살고 교회가 다시 살고 민족이 살아나 통일 대한민국까지 이루어 세계 속에 다시 선교하는 선교 대한민국을 이루어갈 수 있습니다.

『다시 제자가 온다』를 몇 가지 측면에서 적극 추천합니다.

첫째로 저자 이강일 님의 삶에서 우러난 실천적 고백이 담겨있는 책 내용이 너무 좋습니다. 인생은 콘텐츠입니다. 좋은 책은 역시 내용이 알찬 책입니다. 이강일 님의 『다시 제자가 온다』는 그러한 의미에서 꽉 찬 콘텐츠를 지닌 책이기에 적극 추천합니다.

두 번째로, 『다시 제자가 온다』는 저자가 체험한 삶을 고백한 실천서이기에 진한 감동이 있습니다. 말이 아닌 저자 자신의 일평생의 헌신이 남겨있는 고백이기에 독자 여러분께 적극 추천합니다.

세 번째로, 『다시 제자가 온다』를 한국 교회 모든 성도님들과 특히 제자 훈련을 감당하는 사역자들에게 적극 추천합니다. 책 제목처럼 우리의 신앙생활과 교회생활은 다시 제자를 삼아야 살아날 수 있기 때문입니다.

네 번째로, 『다시 제자가 온다』를 해외에서 사역하는 선교사님들에게 적극 추천합니다. 국내의 교회뿐만 아니라 해외에서 헌신하는 사역자들에게도 좋은 모범과 제자사역의 교과서가 될 수 있기 때문입니다.

마지막 다섯 번째로, 『다시 제자가 온다』를 직장선교에 헌신하고 계시는 귀한 사역자님들에게 적극 추천합니다. 참좋은 제자훈련 교과서입니다. 저자 이강일 님의 땀과 눈물, 그리고 기도가 담겨있는 책입니다. 직장선교 사역에 헌신하고 계시는 사역자 님들이 이 책을 읽으시면서 격려와 위로, 그리고 도전을 받고 더 귀하게 쓰임받는 계기가 될 수 있기를 바랍니다.

제자훈련 사역에 일평생을 헌신했던 도슨 트로트맨은 "하나님은 준비되지 않은 사람을 쓰신 일이 없고, 준비된 사람을 쓰시지 않은 일도 없다"라고 했습니다. 99% 헌신된 100명보다 100% 헌신된 한 사람이 더 큰일을 하게 될 것입니다. 예수 그리스도의 제자로서 일평생을 걸어오면서 이번에 그 삶의 고백을 한 권의 책으로 출간한 이강일 저자님을 축하하면서 독자 여러분에게 일독을 권합니다.

제자훈련이 되살아나는 기폭제가 되기를

최이우 | 목사. 종교교회 담임

한국 교회가 오늘과 같은 모습을 이루게 된 것은 폭발적인 양적 성장과 함께 제자훈련을 통한 질적 성숙 덕분입니다. 제자훈련을 통하여 한국 교회는 하나님의 말씀을 생활화하고 영성의 진보를 이루며 그만큼 사명에 충실해 왔다고 확신합니다. 그동안 많은 교회들과 선교단체들이 제자훈련에 힘써온 결과 교회와 성도들의 영적 성장과 함께 교회성장을 견인해 온 것이 사실입니다. 그러나 언제부터인가 처음 열정이 식어가면서 교회와 성도들이 세상으로부터 지탄의 대상이 되는가 하면 교회성장 추세도 주춤해졌습니다. 한국 교회의 부흥을 위해 소수 정예의 예수님의 제자를 만드는 사역이 활발히 일어나서 세상 구석구석에 하나님 나라가 세워야 하는 중대한 시점에 다다랐다고 생각합니다.

바로 이때, 하나님께서 마치 40년 광야의 모세처럼, 3년 아라비아 사막의 바울처럼 깊은 영적 훈련을 통해 다듬어진 한 사람을 통하여 한국 교회의 한 모퉁이를 일으키게 하신다는 확신으로 이 책을 추천하고, 저자를 진심으로 치하하며 축복합니다. 제자훈련은 단순한 성경공부가 아니라, 마치 보병학교에서 철저한 훈련으로 장교를 세워 최전선으로

배치하는 일과 같아 결코 가볍지 않은 일임을 잘 알고 있습
니다. 아무쪼록 저자가 그랬던 것처럼 이 교재를 가지고 훈
련을 받는 모든 그리스도인들이 예수님을 닮은 훌륭한 제자
들이 되어 세상을 밝히는 빛으로, 맛을 내는 소금으로 자리
매김을 할 수 있게 되기를 간절히 바랍니다.

꾸준히 제자훈련을 계속하고 있는 한 사람으로서 한국 교
회 모든 그리스도인들에게 이 책의 일독을 권하며, 읽는 분
마다 지식적인 앎을 넘어 예수님의 제자로 세워지는 축복이
있기를 기도합니다.

정체된 한국 교회를 새롭게 부흥시키는 놀라운 역사가 일어나기를

조광선 | 목사. 합동신학교 총장

이강일 저자의 『다시 제자가 온다』는 어린 시절 어려운 환경을 극복하고 성공한 스토리를 읽어보며 감동적인 인간 승리의 드라마를 보는 듯합니다. 저자는 치열한 7급 공무원 시험의 합격, 내무부 중앙소양고사에서 1위에 입상하는 등 성실과 노력형 공무원으로 많은 사람들에게 귀감이 되고 있습니다.

저자는 늦깎이 신앙으로 제자훈련 멘토와의 운명적인 만남을 통하여 탁월한 제자사역자로 변화했습니다. 사역에 대한 열정으로 비행기를 타고 다니면서 제자훈련을 받는 모습은 우리가 상상하기 참 어렵습니다. 헌신적으로 세워진 저자의 제자를 통하여 직장선교가 더욱 활성화될 것으로 확신합니다.

이 책을 통하여 많은 목회자들과 직장선교 회원들이 '직장선교와 제자사역'에 관심을 가지는 계기가 되어 정체된 한국 교회를 새롭게 부흥시키는 놀라운 역사가 일어나기를 기대합니다. 직장선교에 관심 있는 여러분께 필독해 보시기를 권면합니다.

직장선교가 활성화되고
침체된 한국 교회가 새롭게 부흥하기를

이영환 | 한국기독교직장선교연합회 지도 목사

저자 이강일 목사님은 직장선교 동역자로서, 제자훈련을 통해 직장선교를 효과적으로 펼쳐야 한다는 명철한 안목을 가지고 이 일에 반생을 사신 분입니다. 필자는 행정안전부 지도목사, 정부서울청사직장선교연합회 지도목사, 한국기독공직자선교연합회 지도목사, 한국기독교직장선교연합회 지도목사 등으로 사역하면서 직장선교와 제자사역의 현장에서 변함없는 확신을 가지고 신실하게 힘쓰는 저자의 모습을 늘 가까이서 볼 수 있었습니다.

제자훈련에 대한 열정으로 지방 출장 중에도 업무를 신속히 처리하고 초저녁에 비행기를 타고 올라와 훈련을 받고 다음 날 새벽에 비행기를 타고 출장지로 돌아간 일은 세계 제자사역 역사에도 없는 제자훈련 공동체의 큰 귀감이 되었습니다.

아무쪼록, 이 책이 많은 이들에게 제자사역에 대한 도전을 주어 직장선교가 활성화되고 침체된 한국 교회가 새롭게 부흥하기를 기대합니다.

그분의 뜻을 이루어가시는 하나님의 경륜을 보게 합니다

송기정 | 직장인성경공부모임(BBB) 대표

이 책은 가난하고 어려웠던 시절, 시골에서 태어난 소년을 통해 그분의 뜻을 이루어가시는 하나님의 경륜을 보게 합니다. 수많은 사람들이 멋진 목표는 있어도 인생의 진정한 목적이 없이 방황하는 인생을 사는 경우가 많습니다. 저자는 하나님께서 파송한 삶의 현장인 직장에서 동료를 통해 복음되신 예수님을 제대로 만나고, 제자로서 철저하게 훈련되고, 또 배운 것들을 삶에 적용하기 위해 치열하게 실천해 온 분임을 입증해 주고 있습니다.

이 책은 자서전을 넘어 삶의 현장에서 우리 그리스도인들이 어떤 모습으로 살아가야 하는지를 깨우쳐줍니다. 무엇보다도 사람을 통해 일하시고 사람을 세우는 일을 가장 가치 있는 일임을 가르쳐주시는 하나님의 마음을 읽게 됩니다. 이 책은 저와 함께 동역했던 저자의 삶을 통해 보여주는 제자사역의 좋은 사례들과 지침을 제공해주는 책이어서 더욱 의미가 있습니다. 특별히 삶의 현장에서 그리스도인으로서 어떤 삶을 살아야 하는지 고민하고 있는 사람들에게 좋은 방향을 제시해 주는 책으로 많은 사람들에게 읽히기를 기대합니다.

제자 양육에 헌신한 사역의 기록이
이 책에 담겨 있습니다

윤여웅 | 장로. 한국기독교직장선교연합회 이사장

『다시 제자가 온다』의 저자는 어려운 환경에서 뛰어난 업무 능력으로 원주시에서 강원도청을 거쳐 내무부(행정자치부)에 입성한 입지전적인 인물입니다. 신앙생활을 늦게 시작하였지만 직장선교대학 훈련을 받으면서 직장선교와 제자사역에 눈뜨고 제자 양육에 헌신한 사역의 기록이 이 책에 담겨 있습니다. 이 책을 직장선교와 제자사역에 헌신하고 계시는 귀한 사역자와 직장 그리스도인들에게 적극 추천합니다. 이 책은 직장선교와 제자훈련의 교과서라고 할 수 있습니다. 각 일터에서 직장선교를 하면서 우리 한국기독교직장선교연합회 사역에도 적극 동참해 주실 것을 기대합니다.

직장 선교에 헌신하는 모습이
사도행전 29장의 기록으로 보여지고 있다

강석진 | 목사. 『오래된 소원』의 저자

본 저서의 전반부는 자신의 자서전이라 할 수 있는 삶의 흔적이 독자로 하여금 잔잔한 감동을 느끼게 한다 . 후반부에서는 평생을 Zero Ground의 환경을 꿈과 도전으로 충실히 Build up 하면서 공직생활에서 하나님의 부르심에 사도적 사명의식을 갖고 직장 선교에 헌신하는 모습을 사도행전 29장의 기록으로 보여주고 있다. 이강일 저자는 삶 속에서 실천하는 그리스도인의 Servant Leadership을 몸으로 보여주고 자신의 20여 년의 직장선교의 경험과 방향을 후대들에게 보여줌으로 직장선교와 제자사역의 소중함을 다시 한번 일깨워 주고 있다.

수많은 제자훈련은
공무원 복음화를 위한 준비과정이었습니다

이필경 | 목사. 『희망레슨』의 저자, 하동동산교회 담임

저자는 공무원이 된 후 그리스도인이 되었고, 평범한 그리스도인에서 탁월한 제자사역자로 변화되었습니다. 제자사역에 대한 열정으로 비행기를 타고 다니면서 훈련을 받았습니다. 수많은 제자훈련은 공무원 복음화를 위한 준비과정이었습니다. 이강일 목사님의 역작 『다시 제자가 온다』는 직장 그리스도인에게 어떻게 일터에서 빛과 소금된 삶을 살 것인가에 대한 길잡이가 될 것입니다. 이제 『다시 제자가 온다』라는 한 알의 밀알이 많은 그리스도인들의 일터에서 썩혀져서 많은 열매로 맺혀질 것입니다.

제자 삼는 사역이
내 인생을 송두리째 바꿨다

늦깎이 회심으로 제자 훈련을 시작하다

1960년대 후반, 닉슨 선거운동의 중심부에서 활동하면서 닉슨을 대통령으로 만드는 데 공헌한 자가 있었다. 그의 이름은 찰스 콜슨. 그는 1969년부터 4년간 리처드 닉슨의 신임을 받는 핵심 참모로 일하며 닉슨의 재선을 성공시키고 나서 백악관을 나왔다. 1973년 8월 친구의 소개로 『순전한 기독교』를 읽고 회심하여 그리스도인이 되었다.

1974년 7월 워터게이트 사건 관련 혐의로 유죄 선고를 받고 맥스웰 연방교도소에 수감된 그는 감옥에서 흑백 텔레비전으로 3년 반 동안 보필했던 닉슨 대통령이 사임하는 장면을 지켜보았다. 그것은 자신 인생의 가장 황폐한 경험 중 하나였다고 말했다. 그는 하나님을 모르는 자였다. 42세의 나이에 친구로부터 복음을 듣고 회심을 하였다. 늦깎이로 신앙생활을 하며 감옥에서 교도소 사역을 하였다. 그는 대통령의 핵심 참모에서 하나님의 참모가 된 회심 내용을 『백악관에서 감옥까지』에서 진솔하게 간증하고 있다.

속세에서 잘나가는 '찰스 콜슨'을 그리스도인으로 만들기는 쉽지 않았다. 인간의 고집을 꺾는 것은 쉬운 일이 아니었다. 하지만 하나님은 '워터게이트 사건'의 고난을 통해 찰스 콜슨을 회심하게 하셨다. 하나님의 때에 하나님의 방법으로 하셨다. 1976년 그는 교도소 선교회를 설립하여 미국뿐 아니라 전 세계 교도소에 영향을 미쳤으며 종교계의 노벨상이라고 부르는 템플턴상을 수상했다.

나도 찰스 콜슨같이 늦깎이로 회심하였다. 나는 직장에서 술 먹고 놀기 좋아하는 세속적인 삶을 살았다. 교회도 다녔지만 평범한 신앙생활이었다. 내세울 것이 별로 없었다. 내가 신앙생활하는 것도 기적 같은 일이었다. 전적으로 하나님의 은혜였다. 찰스 콜슨은 미국에서 교도소 사역을 했지만 나는 한국에서 공직자 제자사역을 하였다. 나라와 사역 분야는 달랐지만 하나님이 기뻐하시는 사역을 하였다.

나는 1999년 3월 행자부 선교회 강필구 형제의 권면으로 직장선교대학 제자훈련을 받았다. 업무가 바쁘고 지방 출장이 많은 상황에서 훈련을 받았다. 지방 출장으로 훈련받기 어려운 때도 있었다. 강의내용이 너무 좋아 출장지에서 비행기를 타고 서울로 와서 강의를 듣고 다음 날 새벽에 출장지로 돌아가서 일을 보는 때가 여러 번 있었다(당시에는 KTX가 없었다). 이후 세종로BBB 모임에 참석하게 되었다. 전도도 많이 하고 여러 명의 순원도 양육하였다. 행자부 선교회 부회장, 정부서울청사 직장선교연합회 부회장, 세종로BBB 모임의 대표로 활동하는 등 사역자로서의 삶을 살게 되었다.

말씀을 전도하고 제자를 양육하는 제자의 삶은 하나님이 가장 기뻐하시는 사역이다. 한국 교회가 침체되고 있는 이때, 하나님께서 당신을 부르시고 있다. 하나님이 가장 기뻐하시는 제자사역에 당신이 동참하시기를 권면하고 싶다.

『다시 제자가 온다』는 5개의 부분으로 구성하였다.

제1장에서는 척박한 가시밭길 인생의 시작을 기록하였다. 어린 시절 인생의 쓴맛, 학창시절의 공부하던 모습, 인생의 죽을 고비, 치열한 공무원 시험의 도전기, 신앙생활 초기의 모습 등에 대해서 썼다.

제2장에서는 치악에서 광화문까지 40년 공직생활의 회고와 국민이 바라는 공직자상에 대해 썼다. 우리나라 경제의 발전상, 역대 정부의 부끄러운 모습, 암행어사로서 바라본 공직사회, 국민이 바라는 공직사회의 모습 등에 대해 썼다.

제3장에서는 제자훈련과 사역자 양성에 대해 썼다. 껍데

기 신자에서 알곡 제자로 변화하는 과정, 행자부 선교회 멘토와의 만남, 비행기를 타고 다니면서 훈련을 받은 체험, 제자사역의 고수들을 만난 이야기, 사도행전 29장을 쓰는 동역자의 삶 등에 대한 내용이 들어있다.

제4장에서는 이강일 목사의 제자사역 8단계를 기록하였다, 신앙의 기초 확립과 베이직 라이프, 맨투맨 사역과 제자훈련, 한 직장에서 탁월한 제자 세우기, 직장크리스천 리더의 제자사역을 중심으로 썼다.

제5장에서는 다시 제자 삼으라는 주님의 지상명령에 대해 썼다. 한국 교회의 침몰하는 모습, 한국 교회 제자사역의 당위성, 한 사람의 준비된 제자 세우기, 뜨거운 심정으로 외치는 제자사역의 방향을 제시하였다.

한국 교회, 모든 민족으로 제자를 삼아야 한다

주님의 지상명령은 전도하고 양육하는 제자의 삶이다. 모든 민족으로 제자를 삼으라는 주님의 명령이 우리 삶의 목표가 되어야 한다. 한국 교회의 모든 그리스도인들이 이 사역에 동참하여야 한다. 한국 교회의 모든 목회자와 모든 성도, 모든 신학교의 교수들과 신학생, 모든 사역단체와 선교회의 모든 임원, 회원들이 이 사역에 동참하여야 한다.

바라건대 이 책을 읽고 모든 그리스도인들이 제자사역에 뜨거워지는 마음을 가지고 이 사역에 동참해 주시기를 바라고 싶다. 전도하고 제자를 양육하는 사역, 어려운 사역이 아니다. 제자사역에 헌신하는 마음만 있으면 충분히 할 수 있다. 이 사역을 함으로 인하여 주님으로부터 "잘 하였도다 착하고 충성된 종아" 이 말씀을 듣는 종이 되시기를 권면하고 싶다.

2019년 4월
오늘도 제자사역을 꿈꾸는 이강일

1장

시작: 척박한 가시밭길 인생의 시작
- 치열한 인생 전반전의 삶을 고백하다

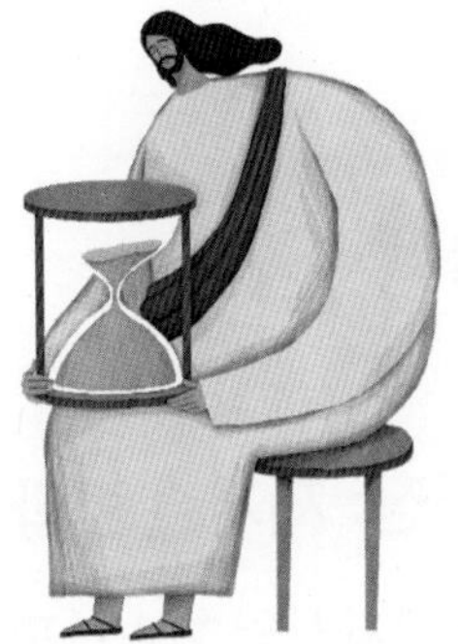

2장

도전: 치악에서 광화문까지

– 40년 공직생활의 회고와 공직사회의 발전방향을 말하다

3장

성장: 제자훈련과 사역자 양성

– 제자사역 20년, 피와 땀과 눈물의 고백

4장

훈련: 이강일 목사의 제자훈련 8단계
– 사도 바울의 가르침을 본받아

5장

희망: 다시 제자 삼으라

– 한국 교회의 소망, 직장선교와 제자사역

1장

시작 :
척박한 가시밭길 인생의 시작

- 치열한 인생 전반전의 삶을 고백하다 -

01.
어린 시절, 인생의 쓴맛을 보다

"눈물 젖은 빵을 먹어 보지 않은 사람과는 인생을 논하지 말라."

– 괴테 –

5천 년 역사, 가난과 설움에 찌든 세월

우리들의 아버지 세대와 베이비 붐 세대인 우리가 태어난 시대는 20세기였다. 이때의 대한민국은 국가적으로 고난과 혼란의 시대이자 파란만장의 시대였다.

이웃 나라인 일본에서는 1868년 메이지유신으로 문호를 개방하였다. 서양의 문물을 적극적으로 받아들여 현재의 경제대국 일본에 이르게 하는 계기가 되었다. 우리나라는 조선 말기 고종의 아버지 흥선대원군이 실추된 왕권을 회복하기 위하여 1864년부터 1873년까지 10년간 집권하면서 개혁을 단행하였다. 탐관오리를 처벌하고 서원을 철폐하는 등 세도정치의 폐단을 개혁하여 백성들로부터 전폭적인 지지를 받았다.

그러나 경복궁을 중건하는 과정에서 무리한 세금을 거두었다. 농번기에 농민을 공사인력으로 동원하여 백성들로부터 원성을 들었다. 대외적으로 쇄국정치를 고수하며 미국, 프랑스 등 외국의 문호개방 요구를 거절하였다. 프랑스와의 병인양요(1866), 미국과의 신미양요(1871)를 거치면서 당시 국제 상황에 맞지 않게 통상수교 거부 정책을 견지하였다. 이로 인하여 일본과는 달리 발전된 서구 문물을 받아들이지 않았고 조선의 근대화가 지연되었다. 결국 조선 정부는 운요호 사건을 계기로 일본과 강화도수호조약(1876)을 불평등하게 체결하면서 외국에 문호를 개방하게 되었다.

이후 조선은 일본과 을사보호조약(1905)을 맺으면서 외교권을 박탈당하였다. 1910년 8월에 한일합병조약으로 조선이 일본에 병합되고 국권이 강탈되었다. 이 조약에서 "한국 황제는 한국 전부에 관한 일체의 통치권을 완전하고도 영구히 일본 천황에게 양도한다."라고 명시하였다. 이때부터 조선은 일본의 식민지로 전락하였다.

일제의 식민지 정책으로 민족의 수난은 끊임없이 이어졌고 항일민족운동이 지속적으로 벌어졌다. 1910년대는 무단통치를 하였고, 1920년대는 3·1운동을 계기로 문화통치로 전환하였다. 1930년대는 조선을 병참기지화했으며, 내선일체와 창씨개명 등으로 민족말살정책을 추진하였다. 3·1운동 후 1919년 9월 6일에는 상하이에 대한민국 임시정부가 탄생하였으며 지속적인 독립운동을 전개하였다.

일본은 1945년 8월 15일 제2차 세계대전에서 패배를 인정하고 연합군에 무조건 항복을 선언하였다. 이에 따라 한국은 식민지에서 벗어나 독립국가가 되었다. 하지만 미 군정 시대를 거치고 한민족끼리 6·25전쟁을 치르면서 한국 사회는 큰 상처를 입었다. 전 국토가 황폐화되었고, 산업시설이 파괴되었으며 이산가족과 고아가 수없이 발생하는 등 큰 시련을 당하였으며 나라는 혼란스러웠다.

전쟁 이후 이승만 정권의 부정선거로 4·19혁명(1960)이 일어났으며, 장면 내각이 정치적으로 어지러워짐에 따라 박정희 중심으로 5·16군사정변(1961)이 일어났다. 박정희 정권의 장기집권으로 10·26사태(1979)가 일어나 박정희 대통령이 시해되었다. 혼란 속에서 12·12 사태로 정권을 탈취한 전두환 정부의 무자비한 통치로 5·18 광주민주화운동(1980)과 6월 민주항쟁이 벌어지며 박종철 학생이 고문으로 사망하고 이한열 열사가 최루탄에 사망하는 사건이 발생하였다. 민주주의는 피를 먹고 발전한다는 말처럼 이러한 과정을 거쳐 민주주의가 점진적으로 발전하게 되었다.

20세기는 일제 식민지 시기를 거치면서 IMF 경제 위기를 극복한 김대중 정부에 이르기까지 혼란과 시련을 겪은 시대였다.

나의 아버지와 어머니는 일제 식민지 시대에 태어났다. 그 시대는 암울했다. 춥고 배고픈 시대였다. 희망이 없는 시대였다. 한국인들은 일제 식민지하에서 탄압과 가난과 설움이 점철된 시대에 한을 품고 살았다.

역사는 되풀이된다. 20세기를 전후하여 조선 왕조는 청나라, 일본, 러시아, 미국 등의 나라에 의하여 침략을 당하였다. 120여 년이 지난 현재 시점에서 우리나라는 또다시 중국, 일본, 러시아, 미국 등의 나라와 긴장관계를 유지하고 있다. 우리는 뼈아픈 역사를 통하여 교훈을 얻어야 한다. 우리가 치욕의 역사를 잊어버리면 언제 또다시 그러한 치욕의 역사를 되풀이할지 모른다. 우리는 조선시대에 국제정세를 정확히 판단하지 못하고 국력이 약하여 다른 나라로부터 많은 수모를 당하였다. 이제 우리는 현실을 직시하고 미래를 정확히 통찰하여 세계를 선도해 나아가야 한다.

쓴맛으로 가득한 어린 시절, Why me?

1950년대는 정치적, 경제적, 사회적으로 매우 혼란스러운 시기였다. 6·25전쟁은 한국의 국민들에게 큰 고통과 상처를 주었다. 3년 동안 전쟁을 치르면서 수백만의 사상자가 발생하였고 수많은 전쟁고아와 이산가족이 생겼다.

나의 아버지(이예환, 1924)와 어머니(엄병희, 1925)는 일제 식민지 시대에 태어나서 많은 시련과 고난을 겪었다. 아버지와 엄마는 결혼 후 3남 4녀의 자식을 두었다. 나는 6·25전쟁이 끝난 후 얼마 되지 않은 1955년 3월 28일 폐허의 땅에서 7명의 자녀 중 6번째로 태어났다. 하지만 1960년도 초반까지 우리 가족은 3남 1녀로 살았다. 부모님들이 전쟁과 질병으로 3남 4녀 중 딸 3명을 잃었기 때문이다. 나는 당시 어려서 돌아간 누님 3명을 본 기억도 없다. 얘기로만 들었을 뿐이다. 얼마 후 내 밑의 동생이 세상을 떠났다. 당시에 엄마가 열이 심하게 나는 5~6세 정도 동생의 이마를 만지며 눈물을 흘리시는 모습을 보며 매우 슬퍼했던 기억이 어렴풋이 생각이 난다. 아직도 자식을 앞세워 보낸 부모의 마음을 헤아리기 힘들다. 부모의 입장에서는 한 많은 인생이었지 않을까 생각된다.

1950년대에서 1960년대 우리나라는 6·25전쟁을 치르면서 폐허의 땅에서 처절하게 춥고 배고픈 시대를 살았다. 그때 당시의 우리나라 국민소득이 95달러 정도였다. 각종 건물은 파괴되었고 허름한 판자촌과 초가집들이 많았다. 거리에는 깡통을 든 전쟁고아들, 등에 큰 바구니를 멘 넝마주이들, 폭탄 등에 손과 다리를 다쳐 목발을 짚은 상이용사나 민간인들이 많았다.

집에는 아직 전기가 들어오지 않고 호롱불이나 등잔불을 사용하였다. 그랬던 만큼 텔레비전, 냉장고, 세탁기, 전기밥솥, 선풍기 등 가전제품도 없었다. 집에 오토바이나 자전거 한 대가 있으면 동네에서 최고의 부자였다. 전화기도 동네에 1~2대 정도가 부잣집에만 있었다. '백색전화'라고 해서 부동산 같은 재산으로 취급하여 비싼 가격으로 거래를 하였다.

1950~1960년대는 우리나라 전부가 가난하였지만 우리 집은 더더욱 가난하였다. 그때나 지금이나 열심히 일해도 살기 힘든 세상인데 아버지는 일하는 것에 별로 신경을 쓰지 않았다.

아버지는 돈이 없으면서도 자선사업가 기질이 있었다. 또한 아버지는 동양화를 좋아하셨는데 동양화 그리는 것은 잘 못했지만 감상하는 것을 좋아했다. 사냥꾼으로 새 잡는 것을 좋아했고, 한자 공부를 좋아하여 光 자 찾기를 좋아했다. 우산을 든 남자를 좋아하고, 빨간 띠, 파란 띠를 찾으려고 노력했다. 동양화에 심취했을 때는 2박 3일 또는 3박 4일도 피곤해하지 않았다. 그러한 과정 속에 가족들은 배고파서 힘든 상황이었지만 아버지는 '사회 환원'을 많이 하셨다.

어떤 때 아버지는 박애주의자, 휴머니스트와 같은 자질도 보여주셨다. 알코올을 즐기셨는데, 이 세상 사람들에게 많은 피해를 주는 알코올은 내가 마셔 전부 없애버려야 한다는 주관으로 사셨다. 동네에 어렵거나 외로운 여인들이 있을 때는 그들의 마음을 위로해 주고, 스스로 고통분담을 아끼지 않는 박애주의자의 모습을 많이 보여주셨다. 아버지와 엄마는 이론적인 노선이 달라 갈등 해결을 위해 치열한 심리전을 폈고 심하게 다투셨다. 나는 아버지 때문에 힘들어지는 엄마 편을 들기는 하였지만 너무 힘든 시절이었다.

이렇게 나는 어린 시절 집에서 두 분의 멘토를 만났다. 한 분은 험한 세상에서 배운 것은 많지 않았지만 지혜로 자식을 키우신 엄마이시며, 한 분은 이렇게 살면 안 된다는 것을 자식들에게 몸소 보여주신 반면교사 아버지이시다.

02.
엄마는 행상으로 나를 키워주셨다

"내가 궁핍하므로 말하는 것이 아니니라. 어떠한 형편에든지 나는 자족하기를 배웠노니 나는 비천에 처할 줄도 알고 풍부에 처할 줄도 알아 모든 일 곧 배부름과 배고픔과 풍부와 궁핍에도 처할 수 있는 일체의 비결을 배웠노라 내게 능력 주시는 자 안에서 내가 모든 것을 할 수 있느니라."

(빌립보서 4장 11~13)

밥 먹을 때보다 굶을 때가 많은 시절

내가 살던 1960년대는 국민 모두가 가난하게 살던 시대였다. 6·25전쟁 이후의 삶은 폐허의 땅 위의 가난 그 자체였다. 당시의 국민소득 수준은 890달러, 세계 최하 수준이었다. 국민 모두가 가난하게 살았으나 우리 집은 더더욱 가난한 집안이었다. 아버지는 가정에 소홀하였고, 동네의 다른 집에서 사회 환원 활동을 열심히 하셨다. 때로는 2박 3일, 또는 3박 4일간 집에 들어오지도 않으시고 사회활동에 전념하실 때가 많았다.

우리가 어렸을 적에는 판잣집이나 초가집이 많이 있었다. 우리는 초라한 판잣집에 세를 들어 살았다. 한겨울에 바람이 숭숭 부는 판잣집에서 몸을 웅크리고 자야 했다. 방 안의 그릇에 담아둔 물이 아침에 보면 꽁꽁 얼어있을 때가 많았다. 겨울엔 난방용으로 연탄을 때었는데 하루에 1~2번은 연탄을 갈아야 했다. 연탄이 한 번 꺼지면 불쏘시개로 새로 피우는 데 많은 어려움이 있었다. 가끔 가족들이 연탄가스를 마시고 당황하는 경우도 있었다.

일반적으로 가정에서는 아버지가 경제생활을 책임지고 가족들이 편안하고 화목하게 살 수 있도록 최선의 노력을 다한다. 그러나 우리 집은 달랐다. 달라도 너~무 달랐다. 아버지가 가정을 소홀히 함에 따라 가장의 역할은 고스란히 엄마의 몫이었다. 밥 먹는 식구가 3남 4녀, 모두 합쳐 7명이었고 나는 6번째 아들이었다. 7명이 먹고살려니 식량이 많이 들어갔다. 없는 살림에 식구는 많으니 매끼 식량을 구하는 일이 쉽지 않았다.

그 당시는 쌀이 귀했다. 보통 사람은 쌀밥을 먹지 못했다. 워낙 비싸고 귀했기 때문에 보리밥이나 밀기울을 대충 떡으로 만들어 먹었다. 쌀밥은 명절이나 생일에나 간신히 먹을 수 있었다. 어떤 집에서는 밀기울을 발효시켜 먹었는데 알콜 성분이 들어있어 아이들이 이것을 먹고 취하여 비틀비틀하는 경우도 가끔 있었다. 먼 옛날 호랑이 담배 피울 때의 이야기가 아니다. 대략 60~70년 전의 일이다.

엄마는 아버지 대신 가장의 역할을 하셨다. 없는 살림

에 생계수단으로 행상을 하여 자식들을 먹여 살리셨다. 시장 도매점에서 과일, 야채, 생선 등을 싸게 사서 동네 집들을 돌아다니며 파셨다. 물건들을 일찍 팔았을 때는 집에 일찍 돌아와 쉬셨고, 물건들이 늦도록 팔리지 않았을 때에는 늦게 집에 가지고 돌아오셨다. 평상시 잘 먹지 못했던 사과, 배 등 남은 과일들을 우리 자식들이 즐겨 먹었다. 조금이라도 물건을 많이 팔아야 하는데 그렇지 못하였으니 엄마의 마음이 아프셨을 텐데. 자식들이 엄마의 속마음을 알지 못하고 과일과 생선을 맛있게 먹었던 것을 생각하면 가슴이 미어지기도 한다.

6·25 이후 우리나라 경제가 어려웠을 때 미국에서 원조물자들이 많이 들어왔다. 우리는 교회나 구호단체에서 강냉이 빵, 덩어리 우유 등 구호물자를 받아 식량문제를 해결했다. 당시 우리는 구호물품을 받기 위해 신앙생활을 하지 않으면서도 교회에 나갔다. 우리는 신앙생활에는 관심이 없었다. 단지 빵이나 우유 덩어리 등 먹거리만 많이 얻으면 그만이었다. 우리는 초콜릿이나 껌을 얻어먹으려고 미군들이 타고 있는 지프차나 트럭 뒤를 따라다니기도 했다.

이후 1960년대 후반에는 강원도 태백시를 중심으로 탄광개발 붐이 일었다. 아버지는 새롭게 사업을 한다고 혼자 황지로 가셨다. 그러나 경제적인 수입은 별로 없었다. 엄마는 얼마 후에 우리 3남매를 아버지에게로 보내셨다. 우리는 낯설고 물 설은 객지로 가서 직사하게 고생하였다. 먹을 것이 없어 3~4일씩 굶으면서 살아야 했다. 뜨물통에 있는 오이 꼭지를 물에 씻어 먹어야 할 정도였지만 그것조차도 맛이 있었다. 엄마가 어쩌다 몇 달에 한 번씩 오시는 날이 허기를 면하는 날이었다. 항상 엄마가 올 때를 기다리며 살았다. 혹시 엄마가 오지 않았을까 기대하며, 밥솥에 먹을 것이 있을까 하고 빈 밥솥을 열어볼 때가 많이 있었다.

초등학교 5~6학년 때까지 우리는 카스텔라가 어떤 것인지 잘 몰랐다. 친구들이 카스텔라 애기를 하는 걸 들어보면 먹는 것 같은데 어떻게 생겼는지 잘 몰랐던 것이다. 그래서 "카스텔라 한 그릇에 얼마냐"고 물었던 기억도 난다. 그토록 굶주림에 지친 삶이었다. 친구들이 도시락을 싸 올 때 나에게는 도시락을 싸줄 사람조차 없었다. 며칠씩 굶는 판에 도시락을 쌀 겨를이 없었다. 점심시간에 은근히 펌프장에 나가 물을 퍼서 마시고 점심을 먹은 것처럼 하고 다녔다. 속으로 도시락 싸 오는 친구들이 부러웠다.

우리는 고난의 대명사로 성경에 나오는 '욥'을 들고 있다. 욥은 동방 사람 중에 가장 훌륭하고 재산이 많은 사람이었으나 사단의 시험으로 모든 것을 잃었다. 하지만 결국 하나님의 축복으로 갑절의 재산을 얻는 축복을 받았다. 또한 성경 출애굽기에서 모세는 미디안 광야에서 40년 동안 고난을 받았으나, 그 이전 40년 동안 이집트 왕국에서 왕자로서 최고의 권세를 누리고 살았다. 이렇게 성경 속 많은 사람들이 축복과 고난을 번갈아 가면서 받았으나 나는 태어나서 청년기까지 끊임없이 연속되는 고난 가운데 살았다. 그 당시 내가 하나님을 알았더라면 하나님께 매달리고 다윗과 다니엘같이 기도하면서 어려움을 극복하려고 노력했을 것 같다. 그러나 그때 하나님을 몰랐고 너무 어려 혼자 힘들어했다.

육성회비도 내지 못하는 안타까운 학창시절

집안이 어렵다 보니 학교 다니는 데에도 어려움이 있었다. 과학 시간이나 미술, 음악 시간에는 학습에 필요한 시험기구 등 여러 가지 소도구가 필요했다. 먹고살기도 힘든데 여러 가지 기구를 살 돈이 없었다. 선생님은 속사정도 모르고 학습도구를 준비하지 않았다고 야단을 쳤다. 어린 마음에 속이 많이 상했다. 한번 야단을 맞고는 선생님이 미워졌다. 어린 생각에 내가 어른이 되면 큰 부자가 되겠다고 다짐하기도 했다. 커서 돈을 벌기 위해 막연히 은행가, 무역가가 되려고 생각했다.

학성초등학교 4학년 때 진○○ 선생님이 담임을 맡았다. 당시는 학교를 다니면서 학기 중간에 기성회비, 육성회비

등을 내야 하는 규칙이 있었다. 어느 때는 납기가 지나 선생님이 회비를 내지 않은 아이들을 호명하며 앞으로 나오도록 했다. 선생님은 앞으로 나온 아이들에게 왜 회비를 안 냈는지, 언제까지 낼 것인지를 물었다. 앞으로 나온 학생들은 속이 많이 상했다. 내기 싫어서 안 낸 것도 아니고 부모님 돈이 없어 내지 못했는데 어떻게 하라는 것인지 마음이 힘들었다. 어른이 되어 그때의 일을 생각해 보니 그 당시 선생님이 어떠한 교육관을 가지고 가르쳤는지 이해할 수가 없다.

초등학교 5학년 때는 송유섭 담임선생님이 계셨다. 나의 학창시절 거의 유일하게 좋은 선생님이라고 생각되는 분이었다. 선생님은 내가 글씨를 잘 쓴다고 칭찬해 주셨다. 옛날에는 가리방이라는 인쇄 도구가 있었다. 기름을 먹인 종이를 철판 위에 대고 그 위에 철필로 글씨를 쓴다. 그 후 원지 위로 먹물 기름에 둥글대로 밀면 학습자료 또는 시험문제가 인쇄되어 나오는 것이다.

나는 선생님이 필요할 때 학교에 남아서 선생님을 돕는 역할을 하였다. 선생님이 필요한 학습자료를 인쇄물로 만들어드렸다. 때로는 시험문제를 가리방으로 긁어 인쇄를 하였다. 일을 마치면 선생님은 수고했다고 격려해 주셨다. 어떤 때는 학교 급식으로 나온 강냉이 빵을 주시고, 어떤 때는 우유 또는 다른 간식을 주셨다. 항상 배가 고팠던 시절에 누릴 수 있는 즐거움이었다.

중학교에 다니던 시절 어느 날 엄마가 어렸을 적 얘기를 들려주셨다. 아버지가 사회 환원 활동을 많이 할 때 가까운 곳에 사는 외삼촌이 엄마를 불쌍하게 생각하면서 우리 가족의 미래를 걱정해 주었다고 한다. 외삼촌은 엄마가 자식들과 고생하는 것이 너무 안타까워 이런 얘기를 했다고 한다.

"누님, 매형이 가정을 돌보지 않고 도박판에 자주 다니는데, 고생하지 말고 이혼한 후 우리 집에 와서 같이 살아!"

"애야, 어린 자식들을 남겨두고 어디로 가니, 자식들이 불쌍해서 그렇게는 못 하겠다. 너도 결혼해서 자식을 낳고 키워 봐라."

"누님, 매형 때문에 누님 혼자 고생하는 것이 너무 안타까워서 그래, 아이들이 너무 불쌍하지 않아?"

이렇게 엄마와 외삼촌이 서로 속상해하면서 대화를 했다고 한다. 옛말에 여성은 약하나 어머니는 강하다고 했다. 우리 엄마는 수없이 고생을 하시면서 자식 3남매를 키우셨다.

항상 독학으로 준비하는 입학시험

나는 초등학교나 중·고등학교를 다니며 늘 나 스스로의 힘으로 공부를 해야 했다. 부모님들은 먹고살기에 바빴고 자식들을 돌볼 경제적 시간적 여유가 없었다. 다른 아이들은 학교 다니면서 학원을 다니고 과외수업을 많이 했다. 어떤 아이들은 학원 다니기가 싫어서 땡땡이를 치기도 했다는데 나는 그런 것들을 상상할 수가 없었다. 나는 초등학교부터 고등학교 다닐 때까지 학원에 다녀 보거나 과외공부를 해본 적이 없다. 어떨 때에는 다른 친구들처럼 학원에 다니고 과외공부를 하고 싶다는 생각도 많이 했었다.

내가 초등학교 다닐 때에는 중학교에도 입학시험을 보고 들어가야 했다. 원주지역에서는 원주중학교가 최고의 명문중학교였다. 많은 학부모들이 자기 아이들을 원주중학교에 보내려고 학원에 보내고 과외공부를 시키는 등 여러 가지로 노력했다. 초등학교에서는 각 학생들의 실력과 수준에 맞추어 중학교 입학원서를 써주었다. 각 초등학교의 수재들이 명문학교에 들어가고 싶어 했지만 경쟁이 치열해 원하는 만큼 들어가지 못했다.

아무튼 나는 집안의 경제적 사정으로 학원에 다니거나 과외공부를 하지 못했다. 스스로 공부하면서 입학시험 준비를 하였다. 담임선생님은 내가 원주중학교에 들어갈 실력이 된다고 판단하여 원서를 써주었고 나는 시험 결과에 따라 원주중학교에 무난하게 입학을 했다.

이후 중학교 3학년 때에는 고등학교 입시준비를 해야 했다. 학교에서는 명문 고등학교에 학생을 많이 보내려고 특수반을 만들었다. 내가 다닌 중학교 3학년은 7개 학급이었는데 나는 운이 좋게 특수반에 들어갈 수 있었다. 여기서 지역 명문고인 원주고등학교에 들어가려고 열심히 노력했다.

원주에서 중학교 3학년 1학기를 마치면서 아버지의 사업으로 춘천으로 이사를 가게 되었다. 춘천중학교로 전학을 하려고 했으나 비용 문제로 전학을 포기하고 원주에서 형과 함께 6개월 정도 하숙을 하면서 춘천고등학교 입학시험을 위해 열심히 공부했다. 그 당시 KBS, MBC 지방 방송국에서는 명문 고등학교 입학시험 결과를 학교에 게시되는 공고문보다 더 빠르게 방송했다. 나는 다행히 합격 소식을 듣고 가족들과 함께 얼싸안고 기쁨을 누렸다.

03.
인생학교에서
죽을 고비를 여러 번 넘기다

"죽음의 공포는 죽음보다 더 무섭다."

– 리처드 버튼 –

유아기 – 청소년기, 때아닌 죽음의 고비에서

나는 유아기 시절 친구들과 함께 우물가에서 놀다가 우물에 빠졌다고 한다. 동네에서 아이들이 노는데 그 속에 막내아들이 안 보인다고 했다. 놀란 엄마가 사방을 돌아보며 찾아도 보이지 않아 거의 정신이 없었다. 동네의 어떤 사람이 우물가에서 신음 소리가 났다고 하여 찾을 수 있었다. 다행히 우물의 물이 깊지 않아 숨을 쉴 수 있었던 것 같다.

동네 사람이 우물에 사다리를 내리고 나를 안아 끌어올렸으며 정신없이 나를 찾아다니던 엄마가 겁에 질려있는 나를 끌어안고 엉엉 울었는데 나도 아무 것도 모른 채 엄마를 붙잡고 슬프게 울었다고 한다. 이후 급히 병원에 실려가 치료를 받았는데 의사는 내게 큰 문제는 없다고 했단다. 어쨌든

"

우리 가족 모두가 나로 인하여 놀라게 된 것이다. 만약에 그때 나를 찾지 못하고 하루 지나서 발견했다면 나는 지금쯤 이 세상에 없었을 지도 모른다. 나는 어려서 이런 기억이 전혀 나지 않았지만 엄마의 말을 통해서 알게 되었다.

1972년 6월경 내가 고등학교 2학년에 다닐 때 친구들 7~8명과 함께 춘천에서 가까운 의암댐으로 놀러가게 되었다. 의암댐은 서울에서 가까워 수도권에서 많이 놀러 오는 지역이었다. 우리는 의암댐 아래에서 수영도 하고 물장난도 치며 재미있게 놀았다.

의암댐에서 처음 놀 때는 물이 별로 깊지 않았다. 그런데 오후가 되자 물이 갑자기 많이 늘었다. 알고 보니 의암댐 관리자가 물을 깨끗하게 하기 위해 수문을 열어 방류하고 있었던 것이다. 알아차렸을 때는 이미 물이 나의 목 가까이 넘치고 있었다.

나는 수영을 하지 못한다. 밖으로 나오려 해도 마음대로 나올 수가 없었다. 결국 나는 강 하류 쪽으로 조금씩 떠내려가게 되었다. 당시에 할 수 있는 건 물을 먹으며 떠내려가는 것뿐이었다. 가까스로 살려 달라고 외쳤으나 혼자 물에서 빠져나올 수 있는 상황이 아니었을 뿐만 아니라 친구들이 나와 멀리 떨어져 있어 도움을 받을 수가 없었다. 위기의 순간 가까스로 물속에 평평한 돌이 발에 걸려 필사적으로 그

것을 딛고 섰다. 그리고 옆에 있던 친구가 팔을 뻗어 간신히 그 손을 잡고 나올 수가 있었다. 십년감수를 한 순간이었다. 아찔했다. 하늘이 노랬다. 그때부터 물에 대한 공포증이 생겨 여름에 바다로 놀러 가는 것을 지금도 좋아하지 않는다. 그 친구가 없었다면 나는 이 세상에 없는 사람이 될 뻔했다.

공직생활과 함께 생사의 갈림길에서

1990년에 나는 강원도청 산하기관인 강원도도로관리사업소에 근무하고 있었다. 도로관리사업소는 지방도로를 개설, 확장 및 포장하고, 파손된 도로를 보수하는 한편 중장비를 민간업체에 대여해 주고 수수료를 받는 등 지방세입을 올리는 지방공공기관이다. 나는 사업소 전체 인사관리와 예산 회계를 총괄하고 자동차 등록 민원실을 운영하는 관리계장으로 일했다.

보슬비가 보슬보슬 내리는 4월 어느 날, 오전 일을 마치고 12시경 점심을 먹으려고 시내로 나왔다. 관리소장님 차에 과장님과 다른 계장, 나와 운전기사까지 4명이 타고 있었다. 우리 차는 원주시 태장동에서 영동고속도로 원주 IC 방향으로 달렸다. 고속도로 입구 주변으로 왕복 8차선의 대로였고 많은 차량들이 다니고 있었다.

그날은 아침부터 비가 내려 도로가 젖어있었다. 도로 곳

곳에 고인 물이 있어 차량이 미끄러지기 쉬웠다. 우리는 사무실에서 8차선 대로변으로 나와 식당으로 향했다. 고속도로 방향으로 가고 있는데 뒤에서 오는 영업용 택시가 우리 승용차 뒤꽁무니를 슬쩍 받았다. 그런데 도로가 미끄러워 우리 차는 360도 회전하며 원위치하여 정지했다. 만약에 반대 차선에서 오던 차와 충돌하였다면 사상자가 크게 발생하는 대형사고가 날 뻔했던 사고였다. 아찔했다. 머리가 하얘졌다. 이때는 내가 교회를 다니고 있을 때였기에 하나님이 도우셨다는 생각이 먼저 들었다.

2000년도에 나는 행정자치부 감사관실에 근무하고 있었다. 눈발이 날리고 날씨가 추운 12월의 어느 토요일이었다. 지방자치단체에 대한 감찰활동을 하고 장·차관님에게 보고할 자치단체 감찰 결과 보고서를 정리할 때였다. 당시 보고 날짜가 급해서 특근을 해야만 했다. 그래서 토요일에 쉬지도 못하고 사무실에 나와야 했다. 부천에서 이른 아침에 광화문 청사로 나오게 되었다.

아현동 삼거리 가구 단지 주변, 당시에는 8차선 정도의 도로 위에 아현 고가도로가 있었다. 고가도로나 교량 밑은 얼음이 얼고 눈이 살짝 덮여 미끄러울 때가 많이 있다. 당시 급하게 광화문 청사 쪽으로 운전을 하고 있는데 황색 등이 갑자기 적색 등으로 바뀌었다. 급하게 브레이크를 밟자 도로가 미끄러워 차가 거의 1회전 하면서 원위치로 정지했다. 아찔했다. 반대 차선에서 차가 왔다면 대형사고가 날 수도 있었다. 하나님이 도와주셨다. 어쩌면 나는 '덤'으로의 인생을 살고 있는지도 모른다.

불법행위 단속을 위해 위험의 현장으로 다니다

1991년에 나는 내무부(현 행정안전부) 감사관실에서 근무했다. 당시에는 유흥업소에서 불법행위들을 많이 해서 사회적으로 물의를 야기하였다. 불법 유흥업소 중에는 깍두기 머리를 한 조폭 등을 고용하여 영업을 하는 업소들이 많이 있었다. 그렇기에 불법행위 단속은 쉽지 않았다. 때로는 단속 과정에서 흉기 사용으로 인하여 사상자가 발생하는 경우도 있었다. 1년에 주기적으로 2~3차례 단속할 때도 있고 특별 단속 기간을 정하여 큰 위험을 무릅쓰고 합동단속을 한 적도 있다. 영업시간 외 셔터를 내리고 불법 영업행위 등의 법령위반행위를 단속하고자 경찰, 소방, 세무 부서 및 위생업소 단속부서와 합동으로 점검반을 편성하여 단속하는 경우도 가끔 있었다. 불시 단속으로 위험을 무릅쓰는 힘든 일이었다.

이후 2011년에는 행정자치부 공무원단체과에 근무했다. 당시 지방공무원 노조단체에서 근무시간 내 불법노조 행위를 하는 등 불법행위를 하는 경우가 많이 있었다. 불법행위 단속을 하다 바빠서 식사를 거르기도 했고, 단속업무를 밤 늦게까지 하는 경우도 있었다. ○○시를 점검하다 공무원 노조 불법행위자들이 점검 사무실을 완전히 점거하여 단속활동에 어려움을 겪기도 하였다. 불법행위자들 가운데에서는 공무원 해직자도 포함돼 있었다. 불법행위 단속을 할 때 때로는 큰 위험까지도 감수해야 했다.

04.
내 인생의 멘토는 별로 없었다

"청년은 미래가 있다는 것만으로도 행복하다."

– 니콜라 고골라 –

멘토의 유래와 멘토링의 정의

우리나라 멘토링의 전문가 박건 목사는 『멘토링 사역 멘토링 목회』에서 멘토의 개념과 멘토링의 정의를 설명하고 있다.

멘토란 단어의 기원은 호머의 서사시 '오디세이아'에서 등장한다. '오디세이아'의 주인공인 오디세우스 왕은 트로이 전쟁에 참여하게 된다. 그는 전쟁에 나가 있는 동안 친구에게 그의 아들인 텔레마쿠스를 잘 가르치고 보호해 주도록 부탁한다. 그의 친구는 일반적인 교육뿐만 아니라 왕자로서 필요한 자질을 갖추는 소양교육까지도 도맡아 오디세우스의 아들을 잘 가르친다. 그의 친구는 왕의 아들을 아버지 못지않은 훌륭한 인물로 키워놓았다.

오디세우스 왕이 전쟁을 마치고 돌아와 보니 그의 친구가 자신의 아들을 너무 훌륭하게 키워놓은 것을 알았다. 그의 친구의 이름이 멘토(Mentor)였고 그의 아들의 보호자요 가정교사였다. 여기서부터 스승이자 코칭하는 사람을 멘토라고 부르기 시작했다.

일반적으로 가르치는 사람을 '멘토', 배우는 사람을 '멘티', 가르치는 과정을 '멘토링'이라고 한다. '멘토링'이란 일정한 관계를 통해 한 사람이 다른 사람에게 장단기적으로 혹은 정규적, 비정규적으로 개인적인 영향을 끼치는 모든 과정이라고 할 수 있다. '멘토'는 스포츠에서는 코치, 무술에서는 사부, 예술에서는 사사하는 스승을 의미하기도 한다.

멘토링은 사람이 있는 곳에는 어디에서든 필요하다. 가정 내 부부 사이, 부모와 자녀 사이, 학교 교육, 군대, 직장, 문화, 예술, 스포츠, 종교, 과학, 경영, 정치 등 사람이 관계된 전 분야에 걸쳐 멘토링이 필요하며 이루어지고 있다. 그러나 멘토링에 대한 이해와 관심 부족으로, 또는 멘토링의 방법을 몰라 실제로 적용하지 못하는 경우가 많이 있다.

멘토링의 주요 사례

성경 출애굽기 18장에는 모세가 이스라엘 사람들을 재판하는 장면이 나온다. 이스라엘의 지도자 모세는 혼자 행정과 재판을 맡으면서 일이 너무 많아 힘들어한다. 이때 모세의 장인으로 미디안의 제사장이었던 이드로가 모세에게 리더로서 천부장, 백부장, 오십부장, 십부장을 세우도록 조언한다. 이들은 백성을 열 명에서 천 명까지 지휘할 수 있는 리더였다. 조언을 들은 모세는 사건의 주요 내용에 따라 이들에게 재판을 담당하도록 하였다. 모세는 장인 이드로의 조언에 따라 사람들 능률적으로 지도할 수 있었다. 이러한 조언을 통해 마침내 이스라엘 백성들을 가나안 땅에 성공적으로 인도하였다.

멘토링의 결정적인 모델은 예수 그리스도이다. 예수님은 이스라엘 백성들에게도 말씀을 전하셨지만 그 열두 제자들의 삶에 사역을 쏟으셨는데 이는 그들이 다른 사람들의 삶 속에 자신들을 헌신해 세상을 변화시킬 것을 알고 계셨기 때문이다. 예수님은 밤이 맞도록 기도하신 후 아주 신중하게 제자들을 선택하셨다. 예수님은 3년 동안 12제자들에게 삶으로써 가르치셨다. 예수님의 멘토링 방식은 모든 그리스도인들에게 훌륭한 모범이다.

한편 열왕기(하)서 2장에는 엘리야가 승천하는 장면이 나타난다. 엘리야가 그의 제자 엘리사에게 자신이 하늘로 올라갈 텐데 무엇을 해주기 바라느냐고 묻자, 엘리사는 선생님의 영적 능력을 두 배로 받기를 원한다고 대답한다. 엘리야는 "만약 네가 나의 승천하는 모습을 보게 되면, 그 뜻을 이룰 것"이라고 말한다. 이에 엘리사가 선생의 승천을 보며 옷을 찢어 슬픔을 표하고 엘리야의 옷으로 강물을 치자 강물이 갈라지는 역사가 일어난다. 선생의 영력을 받은 결과이다.

10여 년 전에 tvN 방송에서 숨어있는 자질이 있는 성악가를 발굴하는 프로그램이 있었다. 여기에 나온 출연자 중 고아이자 거지 출신 최성봉이라는 소년이 있었다. 나도 어릴 적에 찌들고 가난하게 살았지만 그는 나보다 더 고생하며 살았다. 그는 추운 겨울에 차가운 지하철 화장실에서 넝마 같은 이불을 덮고 잠을 잤다. 껌을 팔며 밥을 얻어먹고 다녔다. 그에게는 희망이 없었다. 앞이 보이지 않았다. 미래가 없었다. 험한 세상을 떠나고자 자살을 몇 번 시도했으나 인생이 모질어서 죽지도 못했다.

어느 날 소년은 노래를 하고 싶었다. 음악을 배우고 싶은 마음이 있었다. 우연히 박정소라는 음악을 전공하는 대학생 청년을 만나게 된다. 그도 생활하기는 어렵고 등록금을 걱정하는 평범한 대학생이었다. 거지 출신 최성봉이 음악을 배우고 싶다고 했을 때, 대학생이 보기에는 초등학교도 제대로 나오지 않은 아이를 가르칠 엄두가 나지 않았다. 하지만 결국 그는 몇 년 동안 최성봉을 붙잡고 씨름을 한다. 기초가 너무 부족한 데다 잘 가르치고 싶어도 말을 제대로 듣지 않아 포기하고 싶을 때도 있었으나 포기할 수도 없었다. 우여곡절 끝에 억지로 예술고등학교에 들어가 간신히 고등학교를 졸업했다.

어느 날 tvN 방송에서 경연 대회 참가신청을 받았다. 대회에 참가할 만한 실력이 전혀 갖춰지지 않은 상황이었지만 곡목을 선정하고 참가 준비를 했다. 끊임없이 연습을 했다. 연습, 또 연습. 결국 수많은 경쟁 가수와 함께 경연에 참가했다. 참가 곡은 '넬라 판타지아.' 관객들이 무명 가수의 노래에 숨을 죽였다. 그가 청중을 압도했다. 결과는 2위 입상.

박정소는 절규했다. "이것은 사기다. 맨땅에 헤딩하듯이 연습하며 준비했고, 여러 가지 어려움과 난관을 극복하고 경연에 참가하여 1위 입상자보다 못하지 않았는데 2위라니…." 심사위원들도 다 놀랐다. 다음 날 NYT, TIMES 등 세계 언론에서 그를 지목했다. "고아 출신 거지, 경연 대회 2위 입상" 그는 해냈다. 이탈리아에 폴 포츠가 있다면 한국에 최성봉이 있다. 잡상인과 휴대폰 장사 출신 무명가수 폴 포츠가 이탈리아에서 입상했는데 고아 출신 거지 최성봉이 한국에서 입상했다. 세계가 그를 주목했다.

이렇듯 멘토 박정소가 없었다면 가수 최성봉은 없었다. 지금 최성봉은 세계를 누비면서 성악가로 활동하고 있다.

옛말에 청출어람이라는 말이 있다. 그가 청출어람의 한 예다. 그는 멘토 박정소보다 더 바쁘게 활동하고 있다.

하지만 내 인생에 멘토는 별로 없었다.

우리는 인생을 살아가면서 수많은 사람들을 만난다. 우연히 스쳐 지나가는 사람이 있고, 수십 년을 함께하며 살아가는 사람도 있다. 최성봉과 박정소와 같은 좋은 인연도 있고, 만나지 않았어야 할 악연도 있다. 이 세상에 태어나 성장하면서 좋은 사람들을 만나 그를 멘토로 삼아 새로운 멋진 인생을 살아가는 사람이 있는 반면에 그렇지 않은 사람도 많이 있다. 살아가면서 내 인생을 크게 변화시켜 줄 만한 사람, 멘토를 만나는 것도 쉽지 않았다.

나는 인생을 살아오면서 학교를 다니고 직장과 사회생활을 하면서 수십만 명, 수백만 명을 만났다. 그러나 나의 인생을 크게 변화시켜 줄 만한 사람을 별로 만나지 못했다. 이 세상에는 SKY 대학뿐만 아니라 세계 유수의 대학에서 최고의 전문지식을 갖춘 많은 인물이 있다. 그러나 최고의 전문지식과 함께 최고의 인격과 인성을 갖춘 사람은 그렇게 많지 않은 것 같다.

나의 인생을 가장 크게 변화시켜 준 분, 멘토는 나의 엄마이시다. 엄마는 초등학교 출신으로 가방끈이 짧아 지식은 부족하지만, 어지럽고 험한 이 세상을 지혜롭게 살아가면서 현재의 나를 이끌어주신 나의 위대한 멘토이시다.

영국 사람들은 셰익스피어를 인도와 바꿀 수 없다고 한다. 그만큼 셰익스피어를 사랑하고 그를 영국의 정신적 지주라고 생각한다. 나는 엄마를 셰익스피어와 바꿀 수 없다. 세계 최고의 지식을 갖춘 어떤 인물과도 바꿀 수 없다.

도서관도 책도 흔하지 않던 시절

내가 초등학교, 중학교를 다니던 1960년대는 6·25 전쟁이 끝난 직후의 시대라 먹고살기에 바쁜 시절이었다. 책을 볼 수 있는 도서관도 별로 없었고 책도 많지 않았다. 그 시대에 책을 즐겨 읽는 것도 어떻게 보면 사치였다고 할 수 있다.

나는 책을 사서 읽는 것은 상상도 못 했다. 기껏해야 친구들이 보던 동화책을 빌려 보는 정도였다. 친구들에게 책을 빌려 재미있게 읽고 빨리 돌려주면 다른 책을 또 빌려 볼 수 있어 거기에 재미가 들기도 하였다. 그때 친구들로부터 빌려 본 책이『큰 바위 얼굴』,『엉클 톰스 캐빈』,『링컨 이야기』,『춘향전』,『혹부리 영감』,『장화홍련전』,『콩쥐팥쥐전』등의 책으로 기억된다.

세계 최고의 갑부 빌 게이츠는 어린 시절에 동네에 있는 도서관의 책을 거의 다 읽었다고 한다. 안철수 박사는 어린 시절에 세계문학전집과 같은 책을 3~4백 권 읽었다고 한다. 어린 시절에 누가 독서의 즐거움, 유익한 점 등에 대해 좋은 말씀을 해주었다면 더욱 많은 책을 읽었을 텐데 하는 아쉬움을 갖는다. 역시 젊은 시절에 훌륭한 멘토를 만나는 것이 얼마나 중요한 것인지 생각하게 된다.

나는 아이들이 어릴 때부터 밤에 성경 책과 동화책을 읽어주고는 하였다. 아이들이 밤에 잠자기 전에 호기심을 가지고 아빠, 엄마가 책을 읽어주는 것을 좋아하는 모습을 보면서 더 많은 책을 읽어주려고 노력했다. 나는 지금도 아들과 며느리에게 손자 녀석에게 책을 많이 읽어주도록 권면하고 있다.

05.
그래도 책 읽고 공부하기를
좋아하는 소년이었다

"자기 자신을 신뢰하는 사람은 군중을 지도하고 지배한다."

– 호라티우스 –

상급학교 진학을 위해 공부하는 습관을 들이다

나는 어릴 적 초등학교에 들어갈 즈음에 엄마와 함께 시장을 다니면서 여러 가지 간판을 보고 한글을 익혔다. 신문과 간판에 나오는 글자를 보면서 한자도 배웠다. 초등학교 들어가기를 전후하여 간판에 나오는 글자를 보며 더듬더듬 한글을 읽기 시작했고 영화 포스터를 보면서 나 나름대로의 한자 공부를 시작하였다. 예를 들어 영화배우 신성일(申星一)의 한자 이름에서 앞의 申자를 알고 마지막의 一자를 아니까 "아 가운데 글자는 '성'자로구나"하는 방법으로 한자를 터득하였다.

초등학교에서 공부할 때는 '동아전과', '동아수련장' 등의 참고서가 있었다. 하지만 당시에는 가난해서 살 수 있는 형편이 못 되었다. 공부하다 잘 모르는 부분이 있으면 친구의 참고서를 잠깐 빌려서 보고 돌려주는 방법으로 공부했다. 참고서를 빌려주는 친구도 있었지만 빌려주지 않는 친구도 있었다. 어떨 때는 속이 상해서 마음이 아플 때도 있었다.

내가 초등학교에 다닐 때에는 중학교에도 입학시험에 합격을 해야 들어갈 수 있었다. 원주에서 가장 명문 중학교는 원주중학교였다. 10여 개의 초등학교에서 수재들이 몰려와 경쟁이 치열하였다. 많은 학부모들이 자녀들을 학원에 보내고 과외수업을 시키면서 원주중학교에 보내려고 노력을 했다. 좋은 중학교를 보내야 좋은 고등학교에 갈 수 있고, 좋은 대학교를 갈 수 있기 때문이었다. 각 초등학교에서는 자기의 학교에서 원주중학교 합격생이 많이 나오기를 원했고, 초등학교끼리 경쟁이 심했다. 학생의 실력이 어느 정도 되지 않으면 원주중학교 입학원서를 써주려고 하지 않았다.

초등학교 6학년 2학기 초에 엄마는 학교에 찾아가 내가 어느 중학교에 갈 수 있는지 상담을 했었다. 나는 은근히 원주중학교에 들어가고 싶은 바람이 있었다. 다행히 담임선생님은 내가 안전하게 원주중학교에 들어갈 수 있다고 조언해 주셨다. 다른 친구들은 학원이나 과외수업을 하면서 공부했지만 나는 경제적 여유가 되지 않아 학원이나 과외수업 없이 입학시험을 치러야 했다. 원주중학교에 무난히 합격해서 온 가족이 함께 기뻐했다. 어떤 친구들은 학원이나 과외수업을 했음에도 합격이 되지 않아 눈물을 흘리며 중학교에 들어가기 위해 재수하는 경우도 있었다.

중학교에 들어간 다음에는 고등학교 진학을 위해 또 공부를 열심히 해야만 했다. 중학교에서도 역시 많은 학생들을 명문 고등학교에 보내려고 노력을 많이 한다. 치열한 경쟁이 계속되었다. 학생들이 편안히 쉬면서 공부할 여유들이 없었다. 원주중학교를 다니면서 원주의 명문인 원주고등학교에 들어가려고 노력했다.

중학교 3학년에 올라갈 때 7개 반 중 특수반에 들어가게 되었다. 우수한 학생들만 따로 편성한 반으로 당연히 목표는 원주고등학교였다. 그런데 3학년 2학기를 맞이하여 아버지 사업으로 인하여 춘천으로 이사하게 되었다. 엄마는 나를 춘천중학교로 전학시키기로 하였으나 춘천중학교에서 확인해 본 결과 전학 비용이 많이 든다고 하여 전학을 할 수 없었다. 할 수 없이 1학기를 하숙하면서 춘천고등학교 입학시험 준비를 해야 했다.

강원도의 명문 춘천고등학교에 들어가는 것도 쉽지는 않았다. 여러 중학교의 우수한 학생들이 춘천고등학교에 원서를 냈다. 나는 경제적으로 어려워 학원, 과외공부는 생각도 못 했지만 엄마가 상담하신 결과 담임선생님이 춘천고에 충분히 들어갈 수 있다고 알려주셨다. 자신을 갖고 입학원서를 내고 시험 준비 마무리를 했으며 춘천으로 와서 입학시험을 봤다. 강원도의 수재들이 많이 온다는 말을 듣고 부담도 많이 되었다.

다른 친구들은 유명 입시학원도 다니고 족집게 과외도 하고, 부모님들이 최고급 수험정보도 자식들에게 알려주면서 시험에 최선을 다하도록 했다. 그러나 나의 경우는 학원이나 과외는 엄두도 내지 못했다. 참고서도 변변치 못했다. 부모님은 먹고살기에 바빠 아들 입학시험에 신경을 쓸 시간도 거의 없었다. 내 혼자 스스로 공부해야 했고, 수험정보도 내 혼자 귀동냥으로 들어야 했다. 원주고에 입학한다면 수험정보도 어렵지 않게 얻을 수 있었지만, 원주에서 춘천고에 대한 수험정보를 얻는 것은 더 어려웠다.

어쨌든 춘천으로 와서 입학시험을 보고 시험 결과를 기다렸다. 그 당시에는 명문 고등학교 입학시험 결과를 학교보다 지방방송국 KBS, MBC에서 먼저 발표했다. 수험번호를 기억하고 수험번호순으로 번호가 불리기를 기도하는 마음으로 간절히 기다렸다. 다행히 합격의 소식을 들으며 함성을 질렀고, 온 가족과 함께 기뻐했다. 방송에서 합격 소식을 들은 친척과 친구들이 축하하는 전화를 해주고 함께 기뻐했다. 지금의 60대 전후 세대들은 지방방송사의 합격 소식에 대한 많은 추억을 기억하고 있을 것이다. 방송으로 입학시험 결과를 기다리면서 합격의 기쁜 소식을 듣기도 했지만, 반면에 합격 소식에 누락된 가정에서는 절망과 슬픔에 빠져 재수를 하면서 1~2년을 기다려야 했다.

그렇게 춘천고등학교에 들어갔다. 하지만 또 하나의 관문이 있었다. 인생에서 가장 중요한 시험 중의 하나인 대학입시였다. 베이비붐 초기세대인 나의 세대는 입시의 연속이었다. 중학교 입시부터 고등학교 입시를 거쳐 대학입시까지 준비해야 했다. 지금은 많은 사람들이 중학교 입시를 거치지 않고 들어가고, 고등학교 입학도 '뺑뺑이'로 편하게 들어간다고 하는데…. 찌들게 가난했던 나에게는 너무 얄궂은 운명 아닌가? 하나님은 나에게 왜 이러한 고통과 아픔을 주셨는지 모르겠다. 그때 당시에는 하나님을 모르고 살았는데….

고등학교 2학년 때부터 대학입시 준비를 본격적으로 했다. 기초 다지기부터 했다. 먼저 영어, 수학, 국어부터 다지기로 했다. 2학년 성적을 바탕으로 반 편성을 하였다. 3학년은 7개 반으로 편성하였는데 문과 3개 반, 이과 3개 반, 특수반 1개 반으로 편성하였다. 특수반은 문과, 이과 인원이 반반 정도 되었다.

나는 운이 좋게 특수반으로 들어갔다. 공부를 아주 열심히 하지 않았지만 성적은 좋았었던 것 같다. 일단 3학년 1

학기 초부터 목표를 S대에 두고 공부를 하였다. 그러나 성적이 기대하는 것만큼 오르지 않아 목표를 한 단계 낮추어 K대를 목표로 공부하였다. 생각만큼 성적이 오르지 않아 고민이 되었다.

고졸 출신,
치열한 공무원 시험에 도전하다

"청년은 배우는 것보다는 자극받는 것을 원한다."

– 괴테 –

반갑지 않은 9급 공무원 시험의 합격

고3 초기에 S대를 목표로 시험을 준비하였으나 2학기에 접어드니 생각하는 만큼 성적이 오르지 않아 목표를 K대로 수정하여 다시 준비를 했다. 2학기가 끝날 무렵엔 대학입시 지원서를 써야 했다. 하지만 아버지가 하던 사업이 실패하고 집안 경제가 또다시 어려워졌다. 대학에 들어가면 아르바이트 등으로 학비를 벌어 공부를 할 생각이었다. 그러나 엄마는 사립학교는 등록금이 비싸고 서울에서 대학을 다닐 경우 하숙비와 용돈 등도 많은 부담이 되니 집에서 가까운 국립대학에 들어가면 좋겠다고 대안을 제시하셨다. 나는 어떻게든지 K대를 가려고 했으나 엄마의 사정을 모른 체할 수도 없었다. 목표 대학을 바꾸다 보니 이 과정에서 또 다른 문제가 생겼다.

평소에 생각했던 K대학은 입시과목이 4과목(국어, 영어, 수학, 사회)로 시험과목이 적었으나, 춘천에 있는 K대학의 입학과목은 8과목으로 과학을 포함한 전 과목이었다. 갑자기 목표대학을 바꿔서 입시준비를 하려니 쉽지 않았다. 스트레스가 쌓이고 진도가 잘 나가지 않았다. 시험 보고 싶은 마음도 없어지고 내년에 시험공부를 더 잘하여 가고 싶은 대학에 가려고 생각했다. 시험을 본 결과 예상했던 대로 불합격이었다. 준비했던 과목은 어느 정도 괜찮았지만 다른 과목은 점수가 잘 나오지 않았다.

1974년 2월 고등학교를 졸업하고 마음속으로 재수를 준비하고 있었다. 그런데 옆집에 살면서 공무원으로 근무하시는 분이 교육행정직 9급 공무원 시험정보를 엄마에게 알려주셨고, 엄마는 나에게 한번 경험 삼아 시험을 보라고 권해주셨다. 그렇게 나는 학교를 졸업한 지 1달 만에 시험을 봐야 했다. 옛날이나 지금이나 공무원 시험 경쟁률은 몇십 대 1, 심한 경우에는 몇백 대 1 정도 되었다. 시험 과목수도 많아서 5과목 정도 되었다.

나는 사실 공무원이 될 생각도 없었고 시험공부 할 시간도 없었다. 많은 사람들이 공무원 시험 준비를 위해 공무원 시험 대비 학원도 다니고 고시원에서 몇 년 동안 머리를 싸

매고 공부를 하는 것으로 알았기 때문에 큰 기대도 하지 않고 시험을 보았다. 하지만 결과는 우연치 않게 합격이었다.

몇 달을 기다리다 1974년 6월 15일 처음 공무원으로 발령을 받았다. 당시 19살 청소년. 첫 부임지는 횡성군 교육청으로, 전혀 연고도 없었고 촌 동네였다. 대부분의 직원들이 30~40대였으며 나와 같은 젊은 공무원은 하나도 없었다.

이때 행정의 기본적인 업무를 배우게 되었다. 어깨너머로 배우기도 했고 모르는 것은 선배 공무원들에게 물어서 배우기도 하였다. 당시 공무원의 월 급여는 쌀 2가마 값이었는데 1가마 값으로 하숙비를 내고 1가마 값으로 용돈을 쓰는 정도였다. 보수가 적어도 너~무 적었다. 요새 공무원들에게 월 급여를 쌀 2가마 값으로 준다면 아마 95% 이상의 공무원들이 사표를 내던지고 가지 않을까 생각한다.

교육청에서 2년 정도 근무하고 군 복무를 위해 1976년 9월 휴직을 했다. 논산훈련소에서 12주 과정의 훈련을 마치고 육군 본부로 배치를 받은 후 1년 정도 지나 휴가를 얻어 교육청에 인사차 잠깐 들렀다. 그런데 나보다 늦게 들어온 직원이 먼저 한 직급 승진이 되어있었다. '아니 이럴 수가? 내가 군대 간 사이에 나보다 늦게 들어온 직원이 먼저 승진을 하다니' 마음이 편치 않았다. 열불이 났다. 당시의 나로서는 참기가 참 힘들었다. '군 복무를 위해 휴직했는데 이런

불이익을 받다니….'

1979년 1월, 세월이 어느 정도 흘러 내무반의 고참 병장이 되었다, 제대를 6~7개월 앞두고 뭔가를 해야 할 것 같았다. 9급 공무원으로 계속 근무하는 것보다 한 단계 높은 7급 공무원 시험을 준비해야겠다는 생각이 들었다.

무모한 도전, 치열한 7급 공무원 시험에 도전하다

제대를 6개월 정도 앞두고 7급 공무원 시험을 준비하게 되었다. 어떻게 보면 무모한 도전이었다. 보통 7급 공무원 시험은 대학이나 대학원을 졸업하고 시험을 준비하는 사람이 많이 있다. 그리고 행정고시를 준비하다 아슬아슬하게 떨어지는 사람들이 한 단계 낮춰 7급 공무원 시험을 보는 경우가 많이 있었다. 그래서 당시 고졸 출신인 내가 실력이 쟁쟁한 사람들과 함께 7급 시험을 준비하는 것은 무모한 도전이었다. 고졸 수험생의 입장에서 볼 때 과목수가 일곱 과목으로 많았고 난이도가 9급 시험에 비해 훨씬 높았다. 그리고 시험공부 시간을 확보하기가 어려웠다.

제대를 앞두고 부대에서 시험공부를 하면서 기본과목을 공부하였지만 시험과목이 너무 어려웠다. 일곱 과목 중 헌법, 행정법, 행정학, 경제원론은 고등학교에서 배우지 않은 과목이다. 나는 기본서를 반복해서 읽으면서 기초실력을 늘

려나갔다. 아무리 열심히 공부해도 최소한 2년 정도는 해야 될 것 같았다. 아무리 생각해도 무리였지만 그래도 최선을 다하여 공부하기로 했다. 육군 본부부에서 만년 병장으로 공부를 시작한 지 1년 정도가 지났다. 시험을 연습하는 셈 치고 부담감 없이 보기로 했다.

1979년 7월에 제대를 하고 다시 교육청에 복직하여 근무하다가 1980년 2월에 강원도 7급 공채 시험이 공고된 것을 알게 되었다. 나는 경제적 사정으로 교육청에 근무하면서 짬짬이 공부해야 했다. 직장에 근무하면서 최대한의 공부시간을 확보해야 했다. 새벽에 일찍 일어나 공부했다. 출근시간 전까지의 시간은 물론 점심시간, 일과 후 잠자는 시간까지 공부하는 시간으로 활용했다, 이를 위해서 직장에서의 회식 시간, 친구와의 만남 시간 등을 최대한 줄였다. 학원에서 공부하고, 독서실에서 공무원 시험에 전념하여도 어려운데 직장을 다니며 공부한다는 것은 진짜 무리한 시도였다. 무모한 도전이었다. 응시원서를 제출하고 보다 더 집중적으로 공부하기로 했다. 7급 공무원 시험을 대략 1년 정도한 것 같았다. 나는 2년 정도 공부하면 되지 않을까 생각하고 있었다.

과목별로 마무리 정리를 한 후 부담 없이 연습한다는 기분으로 시험을 보았다. 시험은 1980년 3월에 있었다. 막상

시험을 보니 어려웠다. 고등학교 때 배우지 않은 과목이 많아 부담이 되었다. 조용히 결과를 기다리다가 합격자 발표일에 강원도청에 가서 게시판에 있는 합격자 발표 공고문을 보았다. 다행히 합격이었다. 너무도 기쁘고 감사했다. 집에 와서 온 가족이 합격의 기쁨을 나누었다. 엄마는 눈물을 흘리시며 아들이 장하다고 칭찬하셨다. 6개월 정도 기다리다 원주시 세무과로 발령을 받았다. 그리고 2년 후 감사실로 발령을 받았다.

또다시 무모한 도전, 중앙소양고사에 도전하다

원주시청에 근무하면서 강원도 공무원교육원에서 8주 과정의 영어회화 교육을 받았다. 강원도 전체 시·군과 도청에서 온 공무원 40명이 교육을 함께 받았다. 우리는 교육을 받으면서 공직생활에 대한 여러 가지 정보를 교환하였다. 당시 강원도청에 근무하는 이 모 공무원은 공직생활에 도움이 되는 고급 정보를 알려주었다. 시·군에서 근무하는 공무원들에게는 잘 알려지지 않은 문자 그대로 고급 정보였다. 바로 내무부(현 행정안전부)에서 매년 1회 지방의 우수 공무원을 발탁하는 중앙소양고사가 있다는 정보였다.

나는 돈도 없고, 혈연, 지연, 학연 등 특별한 인맥도 없어 실제로 할 수 있는 것은 실력으로 인정받는 수밖에 없었다.

지금도 그렇지만 그때 당시에는 특별한 인맥 중심으로 지방의 공무원을 끌어올리는 경우가 많아서 어떻게 보면 그들 때문에 성적우수자가 피해 보는 경우가 많이 있었다. 조직사회에서는 어쩔 수 없이 그런 경우가 있는 것 같다.

내무부 소양고사는 전국에 있는 젊고 유능하고 발전 가능성이 있는 우수 공무원을 발탁하는 최고의 권위 있는 시험제도이다. 광역자치단체(광역시·도)에서는 자치단체의 명예를 걸고 지방예선을 거쳐 중앙소양고사에 5명씩 선발대상자를 보내고 있었다. 광역시·도에서는 시·군·구와 광역시·도에서 근무하는 공무원 중에서 5명을 선발하여 중앙소양고사에 참여하도록 하고 있다. 대학, 대학원 출신 공무원으로 실력이 쟁쟁한 사람이 많았고 각종 고시에서 아슬아슬하게 떨어진 공무원도 많이 있었다. 역시 당시 고졸 출신인 나에게는 무모한 도전이었다.

중앙소양고사 과목은 객관식 3과목과 논술형 3과목으로 되어있었다. 객관식 시험은 영어, 국사, 경제원론이었다, 논술형 시험은 고시 2차에서 보는 것과 같이 백지에 실무적인 내용을 기술하는 것으로 지방행정실무, 지방재정실무, 지방개발실무 3과목이었다. 쉬운 과목이 없었다. 과목 하나하나 만만치가 않았다. 논술형은 학교에서 배우지도 않았고, 객관식 경제원론은 문제가 상당히 깊이가 있었다. 감히

쉽게 도전할 수 있는 시험이 아니었다.

나름대로 시험을 분석해 보니 거의 불가능한 시험 같았다. 그러나 한번 도전해 보기로 했다. 도청에 근무하는 직원도 소양고사를 준비하고 있다고 귀띔해 주었다. 직원들에게 소양고사를 준비한다고 대놓고 말할 수도 없었다. 시험공부에만 전념하는 것이 아니었다. 근무시간에 업무를 다 처리하고 남는 시간에 공부를 하는 것이었다. 업무가 바쁘면 공부할 수 있는 시간은 더 줄었다. 인사이동 등으로 과 회식을 하면 술 한잔도 함께해야 하고 그러면 그날은 공부를 망치는 날, 운이 없는 날이었다.

일단 내무부 전입을 목표로 소양고사 준비를 하였다. 2년 정도의 준비 기간을 목표로 시험 준비를 하였다. 1983년 처음으로 강원도 소양고사 시험을 보았다. 도에서 6등을 하였다. 강원도 예선에서 탈락한 것이다. 중앙고사에 올라갈 기회마저 없었다. 1984년엔 2번째로 도전했다. 강원도에서 2등으로 입상해서 중앙소양고사에 갈 수 있었다. 중앙고사에서 6등이었다. 무척 아쉬웠다. 아슬아슬하게 내무부로 발탁되는 기회를 놓쳤다. 업무를 처리하면서 시험공부를 하려니 힘들었다. 3년 동안 업무처리와 시험공부를 병행하다 보니 심신이 지칠 것만 같았다. 아니, 이미 지쳐있었다.

그렇게 1985년 3번째로 소양고사에 도전하게 되었다. 잘

되든지 말든지 마지막 기회라고 느껴졌다. 다행히 강원도 소양고사에서 5등으로 턱걸이해서 중앙고사에 갈 수 있었다. 성적이 조금 나빴다면 중앙고사에 참가할 기회를 놓칠 뻔했다. 아찔했다. 3년 동안의 고생이 헛수고가 될 뻔했다. 9월에 중앙소양고사를 보았다.

　얼마 후 강원도청에서 근무했던 친구가 전화를 했다. "이 선생님, 축하합니다." 나는 무엇을 축하하는지 의아했다. 알고 보니 중앙소양고사 1등이었다. 기적 같은 일이었다. 고졸 실력으로 대학교, 대학원을 졸업하고 쟁쟁한 실력을 갖춘 공무원과 함께 경쟁하면서 거둔 성과였다. 또 다른 기쁜 소식은 강원도청이 단체 1등으로 입상하였다는 것이었다. 개인 성적으로 따지면 1등, 4등, 6등으로 입상하였다. 돌이켜 보면 하나님의 은혜였다. 그러나 아쉽게도 공정하지 못한 인사로 5년이 지난 후에서야 우여곡절을 겪으며 내무부로 발탁돼서 올라가게 되었다.

07.
욕심이 빚은
재건축의 실패를 맛보다

"실수와 실패는 우리가 전진하기 위한 훈련이다."

– 윌리엄 챠닝 –

하나님이 주신 단독주택에서 행복을 누리다

2000년 어느 날 하나님께서 단독주택을 선물로 주셨다. 잘 알고 있는 공인중개사 사무실을 운영하고 있는 사장님이 좋은 경매 물건이 있는데 함께 참여해 보지 않겠냐는 제의를 해왔다. 현장을 함께 보자고 하여 가보니 집도 넓고 괜찮았다. 학교와 교회, 시장도 가까웠다. 생활하기 편한 지역이었다.

집은 3층 건물의 단독주택이었다. 지하 1층에 방이 2개 있었고 옥탑방도 딸려있었다. 전체적으로 5층 건물이었다. 확인 후 부천법원에 가서 경매에 응찰하기로 했다. 2000년 4월 경매 입찰 결과 우리가 쓴 가격에 낙찰되었다. 낙찰 잔금을 내고 세입자를 내보내고 재계약을 하는 절차를 진행하었다. 어려운 세입자도 있었지만 세입자의 입장에서 그들이 원하는 조건으로 처리를 해주었다. 이후 약간의 수리를 거쳐 입주하게 되었다.

집이 교회에 가까워서 부목사님과 전도사님, 많은 성도들이 집에 왔다 갔다 하며 친교를 나누곤 하였다. 집은 곧 교인들의 사랑방 응접실과 같은 역할을 하였고 식사와 간식을 같이하며 재미있게 신앙생활을 하였다. 사도행전에 나오는 것과 같이 성도들과 교제하며 떡을 나누는 그런 재미를 함께 나누며 신앙생활을 했다.

나는 교회에서 중등부장으로 봉사하며 전도사님과 함께 중등부 부흥을 위해 사역을 나누고 신앙생활을 하였다. 아내는 교회유아부장을 오래 맡으며 교회 일에 열심히 봉사하였다. 다른 성도들이 우리의 가정을 부러워할 정도로 재미있게 살았다. 교회에서 헌금도 상당히 많이 하고, 새벽예배도 열심히 참석하고 하나님의 은혜를 많이 누리는 신앙생활을 하였다. 그동안 신앙생활을 많이 하였지만 그때가 가장 행복하지 않았나 생각된다.

그렇게 그 주택에서 2~3년 동안 재미있게 신앙생활을 하였다. 그러나 약간의 이상한 조짐이 생기게 되었다. 옆집에 부동산 중개를 하는 나이 든 영감이 아내에게 부동산 재건축을 하는 사업을 해보자고 쏙닥거리기 시작했다. 아내는 이 사업이 괜찮지 않겠느냐고 나를 부추기려고 하였다.

사실 나는 별로 관심이 없었다. 사무실도 바쁘고 신경을 쓸 시간이 없었다. 괜히 일만 벌려놓았다가 문제만 생기는 경우가 많다는 것을 알았기 때문이다. 하지만 부동산 중개를 하는 영감이 계속 아내에게 접근하여 재건축 사업을 해보도록 부추겼다. 결국 아내는 나에게 내용도 잘 모르면서 해보자고 했다.

욕심으로 재건축을 시작하다

나는 부동산 재건축 사업으로 성공하는 것은 건축에 전문 지식이 없는 사람으로서는 어려운 것이라고 생각하고 있었다. 하지만 결국 아내의 재촉으로 사업을 하게 되었다. 우리 집과 그 영감의 집, 그리고 옆에 있는 두 집을 매입하여 철거한 후 다세대주택 2동을 건축하여 분양하는 것이었다. 부동산 중개하는 영감이 사업을 주도하였다. 하지만 기존의 단독주택 4동을 철거하고 새롭게 2동을 건축하는 것은 쉬운 일이 아니었다.

먼저 집을 철거하기 위하여 임시로 다른 집으로 세를 얻어 들어가야 했다. 순조롭게 진행된다면 6개월 정도 다른 곳에 세 들어 살면 될 것 같았다. 우리는 가까운 동네의 10평도 안 되는 작은 집에 월세로 들어갔다. 큰 집에 살다가 작은 집으로 들어가니 불편한 것이 한두 가지가 아니었다. 애들도 왜 이런 집으로 이사 왔냐고 불평불만이 많았거니와 교회 전도사님은 왜 집을 가지고 투기하냐고 다그쳤다.

일단 4채의 집을 철거하는 공사를 시작했다. 부동산 중개하는 영감이 건축업자를 선정했다. 처음에는 순조롭게 진행되는 것 같았다. 하지만 공사를 진행하면서 건축업자가 돈이 없어 공사가 중단되었다. 건축업자를 선정할 때 재력이 탄탄한 업자를 선정해야 되는데 꼼꼼하게 챙기지 못한 것이다. 6개월 정도면 공사가 끝날 것으로 생각했는데 거의 2년이 걸렸다. 건축을 하면서 부실 업자를 만나는 등 공사기간이 오래 걸리고 여러 가지로 손해가 많았다.

공사가 지연됨에 따라 부동산 경기도 많이 달라져 부동산 가격도 떨어지는 등 여러 가지로 변화가 심했다. 공사가 정상적으로 추진됐으면 손해도 보지 않고 수입도 어느 정도 괜찮았을 텐데 공사가 중단되는 바람에 부동산 가격이 떨어져 손해를 많이 보아야 했다. 옆집의 영감이 미워졌다. 원망스러웠다. 그러나 어쩔 수가 없었다. 원래 계산상으로 1가구는 내 집으로 살고 3가구를 분양하여 수입을 올릴 수 있었다. 그러나 공사가 지연되는 사유로 부동산 거래가격이 하락하여 1가구당 3~5천만의 손실을 보아야 했다.

어떤 일을 하다 보면 내가 하고 싶어서 하는 경우가 있고,

다른 사람의 권유로 할 때도 있다. 때로는 다른 사람의 강요로 인하여 하게 되기도 한다. 어쨌든 본인이 잘 판단하여 심사숙고 후 결정하여야 한다. 재건축 사업을 하면서 인생수업료를 많이 내고 깨달은 경험이다.

08.
아내의 사랑과 기도로
신앙생활을 시작하다

"희망은 사람을 성공으로 이끄는 신앙이다. 희망이 없으면 아무것도 성 취할 수 없다."

– 헬렌 켈러 –

나에게 복음은 땅끝이었다

언더우드 선교사는 우리나라에 복음을 전하기 위하여 4~5개월 정도 배를 타고 우리 조선 땅에 들어왔다. 미신과 우상을 섬기는, 영적으로 무지한 조선 땅에 도착하여 복음을 전하였다. 그가 처음에 조선 땅을 밟았을 때 아무도 아는 사람이 없었다. 그래도 어려운 사역 환경에서 복음을 전하는 것을 멈추지 않았다. 그가 도착한 지 130년이 지난 현재 기독교인이 천만 명에 이르고 있으며, 세계에서 선교사 파송을 2번째로 많이 한 국가로 알려지고 있다.

내가 어렸을 때에 나에게 복음을 전해주거나 교회를 가자고 권면한 사람은 하나도 없었다. 학창시절에 또는 직장생활을 하고 있을 때, 내 주변에 하나님을 믿는 많은 사람이 있었을 텐데 나에게 예수님을 소개하거나 복음의 핵심을 체계적으로 전해주는 사람이 아무도 없었다. 4~5개월 걸려 태평양을 건너 조선 땅에 복음을 전하러 오는 사람도 있는데 내 이웃의 믿는 사람들은 나에게 복음을 전하지 않았다.

내가 춥고 배고플 때에 동네 교회에 가서 구호 물품으로 강냉이 빵과 딱딱한 우유 덩어리를 얻어먹은 적이 많이 있었다. 아마 부활절이나 크리스마스 때는 더 많이 먹었던 것으로 생각된다. 그때 목사님이나 전도사님들이 빵이나 우유를 주며 교회에 나오라고 했으면 빵과 우유를 더 받으려고 교회에 더 열심히 나왔으리라고 생각한다. 그래서 해외선교도 중요하지만 국내의 믿지 않는 자를 위한 국내 전도도 놓치면 안 된다는 생각이다.

우리가 복음을 전하러 해외로 나갈 때 빵과 복음을 함께 가지고 나가는 경우가 많이 있다. 빵만 가지고 나가도, 복음만 가지고 나가도 힘들다. 전략적으로 빵과 복음을 함께 가지고 나가야 효율적으로 복음을 전할 수 있다. 내가 선교 훈련을 받고 네팔, 캄보디아, 필리핀에 단기선교를 갔을 때 빵과 복음을 함께 가지고 가서 그들과 시간을 함께하면서 복음을 전하는 기쁨을 나눈 적이 있었다.

영적인 고난, 아내의 영접과 처갓집의 반대

7급 공무원 시험 합격 후 원주시청 세무과로 초임 발령이 났다. 지방세 업무를 처음 하다 보니 어렵고 일이 많았다. 근무를 하다 보니 초·중·고등학교 선후배들이 많았다. 업무적으로는 힘들고 어려운 일이 있었지만 고향 사람들과 함께 있으니 직장생활이 재미있었다.

어느 날 같은 과에 근무하는 여직원이 자기 친구를 소개해 준다고 하였다. 나를 오랫동안 눈여겨본 것 같았다. "이게 웬 떡이야" 손해 볼 것이 전혀 없었다. 밑져봐야 본전이었다. 못 이기는 척하고 몇 번 만났다. 수수하고 마음이 고운 것 같았다. 한편 다른 친구들과 직원들도 자기 아는 사람들을 소개해 주어서 사람 만나는 것도 바빴다. 나는 그 당시 지방에서 25세의 7급 공무원으로서 인기가 많았다. 20대 중반의 7급 공무원이 거의 없었기 때문이다. 희소가치가 있었다. 거짓말 조금 보태서 인기가 상종가였다.

어느 날 같이 근무하던 여직원이 나에게 이상한 말을 하였다. "예수님을 믿어보세요." 나는 그녀의 친구와 여러 번 교제를 하고 있는 중이었는데 갑작스런 이 말에 약간은 당황스러웠다. 지금까지 살면서 이런 말은 거의 들어본 적이 없었다. 지금까지 예수님 없어도 잘 살아왔기 때문에 "예수님 믿는다고 별일이 있나" 이런 생각이었다. 어쨌든 여직원의 말에 대답을 해주어야 했다. 고민 끝에 갑자기 대답이 생각났다. "글쎄, 생각해 볼게요." 기막힌 대답이었다. 긍정도 아니고 부정도 아닌… 사실 그때 예수님을 믿겠다고 하면 당장 교회에 끌려갈 판이었다. 하지만 안 믿겠다고 하면 인간관계도 그렇고 업무적으로도 좀 소원하게 될 것 같았다.

나는 그때 당시 술 먹기를 좋아했고, 아버지의 후예답게 동양화 감상을 꽤 좋아했다. 자식들이 배울 때 나쁜 것부터 배운다고 했다. 하루 저녁, 때로는 1박 2일 합숙하며 하는 동양화 연수는 그런대로 재미있었다. 아버지가 그렇듯이 그 아들도 사회 환원을 많이 했다. 아무튼 여직원이 소개해 준 자매와 2~3년간의 교제를 하면서 1983년 3월 20일 춘천에서 결혼식을 올렸다. 사실 여직원은 아내에게도 예수님을 믿으라고 여러 차례 말을 했다고 한다. 여직원이 아내와 나에게 은밀하게 양동 작전을 한 것이다. 예수님이 "사람을 낚는 어부가 되라"고 하신 말씀처럼 30년 후 미래 제자사역의 대가를 낚은 셈이다.

결혼을 하고 얼마 후 우리 부부가 처가에 함께 가게 되었다. 처갓집은 전통적으로 불교 집안이었다. 4월 초파일이면 절에 가서 불공도 드리고 시주도 하는 불심이 강한 집이었다. 아내가 가벼운 마음으로 예수님을 믿으면 좋겠다고 처가 부모님께 권면하였다. 하지만 처가 측에서는 가벼운 마음으로 전한 것을 무겁게 받아들였다. 분위기가 심각해졌다. "예수 믿으려면 친정에 절대로 오지 마라", "예수 믿으려면 너희들이나 믿고 호적을 파 가라"로 말씀하시니 처음에는 어떻게 할 수 없었다. 처갓집에 가는 것도 부담스러웠다. 얼마 후 처가 부모님을 위해 새벽 기도를 하였다. 어느 정도 세월이 흐르자 처가 부모님도 교회를 나가게 되셨다. 모두 하나님의 은혜였다.

신앙 초기, 드러나지 않은 평범한 신앙생활

결혼 후 우리 가정의 신앙생활은 내세울 것이 없는 평범한 신앙생활이었다. 처음에 나는 신앙생활을 열심히 하지 않았다. 오히려 반대였다. 주일이 돌아오면 등산 모임, 테니스 행사 등 여러 가지 핑계를 대며 교회 나가는 것을 피했다. 어떨 때는 주일에 선수를 쳐 다른 일이 있어 교회를 나갈 수 없다고 핑계를 댔다. 억지로 교회에 끌려다니는 일이 많았다.

하지만 어느 정도 아내 따라 교회에 끌려다니다 보니 가랑비에 옷 젖듯이 복음이 조금씩 들어오기 시작했다. 아내에게 끌려다니다가 제 발로 교회 출석을 하게 되었다. 교회를 다니다 보니 좋은 사람도 만나게 되었다. 금융기관, 공공기관 등 여러 직장에서 열심히 사는 교인들을 만나면서 함

께 교제를 나누기도 하였다. 교회를 다니다 보니 구역 모임
도 하고 성가대 봉사도 하고 제법 신앙생활을 하면서 바빠
졌다. 신앙생활을 더 열심히 해야겠다는 생각도 들었다. 물
론 그때까지도 어느 정도 바쁜 신앙생활이라고 했지만 별로
드러나지도 않은 평범한 신앙생활을 하는 수준이었다.

이강일이
인생의 밑바닥에서 배운 것들

- 어떤 고난 가운데에서도 희망의 끈을 놓지 마라 -

6·25전쟁 직후 우리나라의 모습은 폐허 그 자체였다. 나라 전체가 가난했다. 당장에 먹고사는 것이 걱정이었다. 아버지와 엄마는 3남 4녀를 낳으셨고 나는 여섯 번째로 태어났다. 나의 어린 시절은 춥고 배고픈 시절이었다. 절망의 시절이며 희망이 보이지 않았다. 인생의 쓴맛을 너무도 이른 나이에 겪었다.

아버지는 항상 동양화를 감상하고 가정에는 별로 관심이 없었다. 우리 식구들의 생계는 고스란히 엄마의 몫이었다. 여성은 약하나 어머니는 강했다. 가방끈은 짧았지만 생활의 어려움을 지혜롭게 견디고 이기셨다. 과일 행상, 생선 행상으로 자녀들을 굶지 않도록 챙기셨다.

내가 학교에 다니던 시절은 중학교도 입학시험을 보고 들어갔다. 요즈음은 고등학교도 뺑뺑이로 들어간다고 하던데 나는 치열한 입학시험을 거쳐 중학교를 들어갔다. 생활은 어려워도 책 읽고 공부하기를 좋아하는 소년이었다. 대학 진학을 나중으로 미루고 9급 공무원 시험에 합격하였다. 교육청에 근무하면서 7급 공채 시험에 합격하여 원주시청과 강원도청에 근무하였다. 내무부 중앙소양고사에 1위로 입상하여 중앙무대로 자리를 옮겼다.

돌이켜 보니 고난이 나를 강하게 만들었다. 하나님께서 요셉을 애굽에서 연단하였듯이, 모세를 미디안 광야에서 연단하였듯이 나를 치악에서 연단하셨던 것 같다. 이 세상에서 성공한 사람은 모두 고난과 연단을 받았다.

마틴 루터 킹 목사는 절망의 시절에 꿈을 키웠다. 1930년대 미국은 흑백 인종차별이 심했다. 흑인은 사람이 아니라 노예였다. 흑인은 백인과 같이 버스를 탈 수 없었다. 그럼에도 마틴 루터 킹 목사는 외쳤다. "나에게는 꿈이 있습니다." 몇십 년 후 그의 꿈은 이루어졌다.

오바마는 케냐에서 미국으로 유학 온 흑인 아버지와 미국 캔자스의 백인 여성과의 사이에 아들로 태어났다. 훗날 오바마의 어머니는 인도네시아의 유학생과 재혼하였고 그는 인도네시아에서 어린 시절을 보내다 미국으로 건너와 미국인 할아버지, 할머니와 함께 살았다. 이런 배경을 가진 그가 미국에서 성공하고, 대통령이 되는 것은 꿈도 꿀 수 없었다. 그러나 그는 해냈다. 미국에서 최초의 흑인 대통령, 제40대 대통령이 되었다.

조앤 롤링은 이혼을 하고 정부의 보조금을 받으며 딸을 키웠다. 근근이 살며 동네 카페에서『해리 포터』를 썼다. 자신의 책이 성공할 것으로 기대하고 꿈을 포기하지 않았다. 결국 그 책은 베스트셀러가 되었고 엄청난 인세를 받았다. 그녀의 재산이 영국의 여왕보다 더 많다.

일본 소프트뱅크의 손정의, 그는 청년 시절 병원에서 건강검진을 하다 병에 걸린 걸 알게 되었다. 한참 젊은 나이였다. 하늘이 무너지는 것 같았다. 병원에서 앞으로 6개월이라는 사형선고와 같은 말을 했다. 이에 그는 정상인도 하기 힘든 책 읽기에 도전하여 병원에서 3년간 4천 권의 책을 읽었다. 그리고 그는 여전히 살아있다. 병원에서 읽은 4천 권의 독서. 그의 내공으로 사업이 더욱 성장하고 발전했다. 희망의 끈을 놓지 않으면 성공이 보인다.

다산 정약용 선생은 40세에 강진으로 유배를 갔다. 유배생활이 즐거울 리 없다. 사람들을 원망하고 복수의 칼을 갈 수도 있었다. 하지만 그는 마음을 추스르고 안정을 찾았다. 유배생활 18년 동안 500여 권의 책을 썼다. 그는 조선 후기의 실학자로『목민심서』를 지어 공직자로서의 삶의 방향을 제시하고 있다.

우리는 여러 가지 고난이 올 때 절망하기 쉽다. 나도 어렸을 때 춥고 배고프고 너무 가난한 생활을 하였다. 그러나 엄마의 지혜로 희망은 잃지 않고 살았다. 꿈을 가꾸면 성공할 수 있겠다는 생각을 했다. 고졸 실력으로 7급 공채 시험에 도전했고, 내무부 중앙고사에서 1위에 입상하였다. 사실상 무모한 도전을 하였다. 아무리 어려운 환경에 있을지라도 희망의 끈을 놓지 않으면 성공할 수 있다. 아무리 힘든 고난과 불행이 있다고 하더라도 참고 견디면 헤쳐나갈 수 있다. 다른 사람이 겪은 고난을 생각하며 이겨나가면 된다.

2장

도전 :
치악에서 광화문까지

– 40년 공직생활의 회고와 공직사회의 발전방향을 말하다 –

01.
우리나라의 경제와 사회의 발전

"대부분의 경우, 죽으려고 노력하는 것보다 살려고 노력하는 쪽이 훨씬
더 많은 용기를 필요로 한다."

– 비트리오 알피에리 –

한강의 기적, 찌든 가난에서 경제대국 10위권으로

우리나라는 조선시대 말기 일제의 식민지가 되면서 민족
의 수난을 겪으며 살아야 했다. 나라의 주권이 상실되었고,
무단통치, 문화정치, 민족말살 정책이 번갈아 가면서 진행
되었다. 창씨개명으로 한국 이름이 아닌 일본 이름을 가지
고 살아야 했다. 우리의 고유한 이름을 버리고 낯선 남의 나
라의 이름을 가지고 살아야 했던 치욕적인 삶이었다. 심지
어 일본은 우리나라에 신사참배를 강요하여 일본의 신을 섬
기도록 하였다.

일본은 서구 열강의 요구에 문호를 개방하고 메이지 유신
을 통하여 서구의 문물을 받아들였다. 일본은 36년 동안 우
리나라 국민들을 힘들게 했다. 우리 백성들은 가난과 설움

에 빠진 생활을 해야 했다. 하지만 이런 일본도 1945년 8월 15일 제2차 세계대전이 끝나며 연합군에 무조건 항복을 선언하였다.

한국은 1945년 독립국가가 되었으나 얼마 지나지 않아 한 민족끼리 6·25전쟁을 치르면서 다시 한번 고통을 겪어야 했다. 5000년 단군조선 역사 이래 경제적으로 여유 있게 살아온 때가 없었고, 항상 외세의 압력으로 위태롭게 살아왔던 우리나라는 일제의 식민지와 6·25전쟁으로 최악의 상황을 맞이하였다. 온 국토가 폐허가 되었고 수백만의 전쟁 사상자가 생겼다. 많은 건물들이 파괴되었다. 거리에는 판잣집과 초가집만이 띄엄띄엄 있을 뿐이었다. 그 당시 우리나라 국민소득은 95달러였다. 모두가 가난한 시절이었다. 시대가 암울했다. 절망의 시대였으며 희망이 보이지 않았다. 가난이 숙명적으로 받아들여졌다. 나라 안팎이 정치적, 사회적으로 혼란스러웠고, 경제적으로 먹고살기 바쁜 시절이었다.

1960년대 초에는 전기도 들어오지 않았다. 밤에 호롱불과 등잔불로 생활을 하였다. 우리 생활에 흔해 빠진 텔레비전, 냉장고, 컴퓨터, 세탁기, 전기밥솥, 에어컨, 휴대폰 등 전자제품이 전혀 없었다. 월남전이 한참 치열할 때쯤에야 참전용사 가족들에게 흑백 텔레비전이 보급되어 동네에 한

대 정도 들어왔다. 동네 사람들이 다 몰려와 드라마를 본 적이 있다. 흑백 텔레비전이 있는 집이 동네에서 최고의 부잣집이었고 자전거 있는 집이 두 번째 부잣집이었다. 전화도 동네 부잣집에만 있었다. 호랑이 담배 피울 때의 일이 아니다. 지금으로부터 약 60여 년 전의 일이다.

우리의 젊은 세대는 이때의 슬픔과 가난을 알지 못한다. 하지만 그 시대의 어려움을 분명히 알아야 한다. 아버지, 할아버지 세대의 슬픔과 고난도 알고 기억해야 한다. 아버지, 할아버지의 힘들었던 경험을 자신의 간접경험으로 체화하여 자신의 삶의 교훈으로 삼아야 한다.

역사는 반복된다. 우리가 역사를 공부하지 않을 때 우리는 필리핀이나 에티오피아와 같이 될지도 모른다. 6·25전쟁이 일어났을 당시에는 그 나라들이 우리보다 더 잘살았고 그래서 우리나라를 도와주었다. 한 예로 우리나라에 건축기술력이 없었을 때 필리핀이 우리나라에 장충체육관을 지어주었다. 하지만 그 나라들은 60년이 지난 현재에도 여전히 가난하게 살고 있다.

1960년대 이후에 경제개발 5개년 계획이 추진되었고 새마을운동이 전국적으로 벌어졌다. 잘살아보자는 몸부림이었다. 우리나라는 근본적으로 돈이 없었다. 그래서 월남전에 참전하여 피 값으로 돈을 벌었고, 서독에 광부와 간호사를 파견하여 돈을 벌었다. 지하 100미터의 갱도에서 광부들이 석탄을 캤고, 간호사들이 외국인의 시체를 닦으며 외화를 벌어들였다. 중동의 열대지방에서 사막의 대수로 및 대형 공사 프로젝트를 수주하여 외화를 벌어들였다. 이러한 대역사가 없었다면 우리의 현재는 없다. 이러한 것들이 우리나라 경제발전의 초석이라고 생각한다. 우리의 젊은 세대들은 〈국제시장〉 영화를 눈여겨보고 아버지와 할아버지의 아픔을 되새겨 보아야 한다.

지금 우리나라는 경제발전과 함께 '86아시안 게임', '88 세계 올림픽', '2002 세계 월드컵 대회', '2018 세계 동계 올림픽' 등을 개최하여 스포츠 및 문화 강국으로 자리매김하고 있다. 또한 10위권의 세계 경제대국으로 알려지고 있다. 많은 사람들이 우리나라의 경제발전을 '한강의 기적'이라고 한다. 세계 최빈국가에서 10위권의 경제대국으로 진입한 것은 우리 모든 국민의 힘이라고 생각한다. 또한 1960~1970년대 초기부터 공직자의 국가와 민족에 대한 헌신이 우리나라 발전에 이바지하였다고 생각한다.

혹자는 우리나라 경제발전 과정에서 개발독재가 있었고 장기집권이 민주화의 걸림돌이 되었다고 주장하는 사람도 있다. 분명히 잘못된 부분도 있고 맞는 말이다. 그러나 그 당시 현재와 같은 민주화 과정을 거치면서 경제개발을 추진했다면 지금의 한국은 전혀 있을 수 없다고 개인적으로 생각한다.

한평생을 바친 공직생활

나는 6·25전쟁 직후 베이비 붐 세대(1955~1963)로 1955년 3월 28일 태어났다. 전쟁 후의 삶은 폐허의 땅 위에 가난 그 자체였다. 나의 죄라면 전쟁 후 가난한 집에 태어난 죄밖에 없는데 삶의 현실은 너무 비참하고 힘들었다. 유아 아동기 시절 극빈의 삶을 살았다. 먹을 때보다 굶을 때가 더 많았다. 중·고등학교 시절 조금 나아지기는 했지만 여전히 가난했다.

어려운 경제사정으로 원하는 대학에 진학하지 못했다. 재수해서라도 좋은 대학에 가고 싶었지만 마음대로 되지 않았다. 그때 옆집에 사는 분이 공무원 수험정보를 엄마에게 알려주어서 엄마는 나에게 대학에 가기 어려우니 공무원 시험을 봤으면 좋겠다고 권하셨다. 물론 나는 시험을 볼 생각도 별로 없었고 재수해서 대학에 진학할 생각만 했었다. 다른 사람들은 공무원 시험을 위해서 학원에도 다니고 독서실에서 공부에 전념한다고 하였다. 그렇게 공부해도 합격하기 어렵다고 했다.하지만 엄마는 공무원 시험을 한번 경험 삼아 치루어 보기만 하라고 말씀하셨다. 시험이 한 달 정도 남았지만 마음에 없으니 시험 준비도 안 하고 못 했다. 시험 당일에 억지로 시험을 보기만 하였다. 그런데 얼마 후 시험 결과가 발표되자 옆집 아저씨가 알려주셨다. 합격을 축하한 다고…. 엄마는 축하한다고, 고맙다고 눈물을 흘리셨다. 하지만 나는 합격 소식이 반갑지 않았다. 재수해서 좋은 대학 들어가는 것이 우선 목표였기 때문이었다. 그러나 한편으로 합격을 했는데 포기하기도 아까웠다.

그렇게 1974년 6월 처음으로 횡성군 교육청으로 발령이 났다. 일단 근무하면서 재수하고 대학을 진학하기로 했다. 하지만 직장에서 일을 하면서 대학입시를 준비하는 것은 쉽지 않았다. 2년 정도 근무하고 군 복무를 위해서 휴직을 하게 되었다. 논산훈련소에서 훈련을 받고 육군 본부로 배치되었다. 행운이었다. 입대 전에 공무원으로 근무했고 글씨를 잘 써서 육본으로 가게 되었다. 육군 본부에서 병기감(소장)실 당번병으로 근무했는데 최상급 부대에서 근무하다 보니 세상이 달라 보였다. 시야가 넓어지는 것 같았다. 그래서 사람들이 상급기관에서 근무하려고 노력하는 것인지도 모르겠다.

세월이 흘러 어느덧 제대할 때가 얼마 남지 않았다. 1979년 1월 어느 날 이렇게 살면 안 되겠다는 생각이 들었다. 말년 병장이 되었고 어느 정도 자유롭게 시간을 활용할 수 있었기에 7급 공무원 시험 준비를 해야겠다고 생각했다. 하지만 막연했다. 시험과목도 잘 모르고 어떻게 공부해야 할지도 잘 몰랐다. 당시 고졸 실력으로는 무모한 도전 같았다. 그러나 현실에 안주하면 나의 발전은 더 없을 것 같았다.

그래서 제대를 앞두고 1979년 1월경부터 7급 공무원 시험 준비를 하기로 하였다. 시험과목 중 헌법, 행정법, 행정학, 경제원론 과목은 고등학교 때 배우지도 않은 과목이었다. 앞이 캄캄했다. 단어와 용어 자체도 이해할 수 없었다. 어느덧 세월이 흘러 1979년 7월 제대를 하였고 교육청 복직을 하고 공부를 계속했다. 휴직을 연장하고 싶었으나 경제적 형편 등 모든 사정이 여의치 않았다. 퇴직하고 공부에만 전념하고 싶었으나 그럴 수도 없었다.

고졸 실력으로 무모한 도전이었다. 일단 교육청 일을 하면서 공무원 시험공부를 하기로 하였다. 절대적으로 시간이 부족했기에 공부할 시간을 만들어야 했다. 잠자는 시간을 줄이고 공무원 일과 전·후와 점심시간을 최대한 활용하기로 하였다. 1980년 2월에 강원도 7급 공무원 채용시험이 공고되고 시험이 한 달 정도 남은 상태에서 나름대로 최선을 다했다. 시험을 보고 얼마 후 결과를 기다렸다. 다행히 합격하였다. 1979년 초에 시험을 준비하면서 처음엔 2년을 목표를 두었는데 1년 만에 단번에 합격했다. 전적으로 하나님의 은혜였다. 6개월이 지나 치악산이 바라보이는 원주시청 세무과에 발령을 받았고 후에 감사실에 근무하였다.

원주시청에 근무하면서 강원도 공무원교육원에 8주 과정의 영어회화 교육을 받으러 갔다. 성적이 우수하여 강원도청 산하기관인 강원도 도로관리사업소로 발령이 났다. 당시 강원도청에 근무하던 직원이 내무부에서 시행하는 중앙소양고사에 대한 고급 정보를 알려주었다. 지방의 우수한 공무원을 1년에 한 번 내무부로 발탁하는 시험이었다. 그래서 또다시 무모한 도전을 시작했다. 당시 나는 고졸이었고 전국에서 그 시험을 준비하는 대학 및 대학원을 졸업한 공무원들이 즐비하였기 때문이다. 3년 만에 운이 좋게 전국소양고사 1등에 입상하였다. 하나님께서 함께하셔서 좋은 성적을 거두었다.

하지만 그 이후에 내무부에 발탁되는 데 시간이 의외로 많이 걸렸다. 지금도 직원을 채용하고 보직을 관리하는 데 보이지 않는 손에 의하여 여러 가지 변수가 작용하는 경우가 많이 있다. 좋은 인맥이 많이 있으면 유리할 때가 많다. 나는 그런 게 별로 없었다. 그것이 아킬레스건이었는지 모른다. 돌이켜 보니 하나님이 나를 겸손하게 하시려고 나를 낮추신 것 같은 생각이 많이 든다.

처음에 내무부 조사담당관실에 파견근무 명령을 받았다.

감사부서는 아무나 가는 곳이 아니었다. 성품이 청렴하고 업무능력에 탁월한 공무원을 배치하는 곳이었다. 공무원 생활을 하면서 감사부서에서 4회에 걸쳐 10여 년 근무를 하게 되었다. 감사 담당 전문가가 되었고, 자치단체에 수없이 감찰활동을 하게 되었다. 감찰활동을 하면서 우리나라 사회 전반에 걸쳐 부조리와 비리가 많이 있음을 알게 되었다. 이 문제를 해결하는 것이 우리가 해결해야 할 과제라고 생각한다.

02.
역대 정부의 부끄러운 모습

"모든 정의가 실패로 처리될 정도로 사람은 폭넓고 다양한 존재다."

– 막스 셰라 –

인간의 욕심이 빚은 쿠데타

나는 41년의 공직생활을 교육청, 기초자치단체(원주시)와 광역자치단체(강원도), 중앙행정기관(내무부, 행정자치부, 행정안전부)에서 했다. 공무원으로 근무하면서 감사부서에 4회에 걸쳐 10여 년을 근무하였다. 감사부서에서 근무하다 보니 업무와 관련하여 각 대통령의 통치와 집권기간 중에 발생된 부정부패 사건 등에 대해 관심을 많이 가지고 있었다.

우리나라는 1948년 8월 15일 정부수립 후 71년 동안 12명의 대통령이 집권을 하였다. 역대 대통령 중 장기집권한 대통령은 3명으로 이승만, 박정희, 전두환이다. 이승만 대통령은 11년 8개월, 박정희 대통령은 15년 10개월, 전두환 대통령은 7년 5개월. 이렇게 3명의 대통령이 집권한 기간은

35년으로 해방 이후 현재까지의 기간 70년의 절반을 차지하고 있다.

5년 임기를 채운 대통령은 5명으로 노태우, 김영삼, 김대중, 노무현, 이명박이다. 임기를 채우지 못한 대통령은 3명으로 윤보선 대통령은 5·16쿠데타로 1년 7개월, 최규하 대통령은 전두환 정권 장악으로 8개월, 박근혜 대통령은 탄핵으로 4년 1개월 집권하였다.

이승만 대통령은 1875년 3월 26일 3남 2녀 중 막내로 태어났다. 성장하면서 독립운동의 핵심 인물로 가담했으며 미국에서 활동을 많이 하였다. 이승만은 일제 식민지 시대 중국에서 독립운동을 하다 8·15해방과 함께 한국으로 돌아왔다. 파란만장한 삶과 함께 초대 대통령이 되었다.

재임 기간 중 6·25전쟁을 맞이하여 정치적으로 사회적으로 혼란한 가운데 대통령직선제를 위한 발췌 개헌(1952.7.7), 대통령 연임제 규정을 폐지하는 사사오입 개헌(1954.11.29.)으로 종신 대통령을 꿈꾸었다. 1960년 3·15 부정 선거를 통하여 대통령직을 유지하려 했으나 4·19 시민혁명으로 자유당은 몰락하고 부정 선거를 주도한 이기붕은 자살하였으며 이승만은 대통령직에서 하야했다.

박정희 대통령은 1917년 11월 14일 5남 2녀 중 막내아들로 태어났다. 박정희는 6·25전쟁 직후 육군 준장으로 승진하여 장군이 되었다. 3·15 부정선거로 나라가 혼란스러울 때 1961년 5·16 군사 쿠데타를 일으켜 집권하였다. 1969년 3선 개헌을 하였고 1972년 10월 유신헌법을 공포하여 영구집권을 시도하였다. 박정희는 재임 기간 중 경제개발 5개년 계획, 새마을운동 등으로 경제개발에 성공하여 '한강의 기적'을 이루었다. 그러나 1979년 10·26사태로 부하직원 중앙정보부장 김재규에게 시해당했다.

박정희 정권에서는 4대 의혹 사건이 있었다. 『대한민국 대통령 실록』의 저자 박영규는 4대 의혹으로 증권파동, 워커힐 사건, 새나라 자동차 사건, 회전당구기(파친코) 사건 등을 일컫는데 이 사건들은 모두 공화당 창당 자금 및 정치자금을 마련하기 위한 부정행위라고 보고 있다. 1966년에는 사카린 밀수사건이 발생하였고 1973년에 김대중 납치사건 등이 있었다.

전두환 대통령은 1931년 1월 18일 6남 4녀 중 넷째, 농부의 아들로 태어났다. 집안이 가난하여 육군사관학교에 입학했다. 박정희에게 충성하여 탄탄대로를 걸었다. 10·26사태로 박정희 대통령이 시해된 이후 12·12 군사반란으로 정권을 장악했고 1980년 5·17내란을 감행하여 5.18~5.27까지의 광주 5·18시민봉기에 무차별 학살을 하였다.

이후 8차 개헌으로 1980년 10월에 5공화국이 출범하였

고 7년 단임 대통령이 되었다. 전두환 정권기에는 이철희·
장영자에 의한 희대의 어음 사건으로 영부인 이순자의 삼촌
이규광, 조흥은행장 등 17명이 구속되는 사건이 발생하였
다. 또한 전두환의 동생 전경환의 새마을운동중앙본부 부정
축재 사건이 발생하였다. 전두환의 장인 이규동의 대한노인
회 비리, 전두환의 부인 이순자의 새세대육성회 비리, 이순
자의 동생 이창석의 비리 등 친인척 비리 사건이 있었다.

역대 정권에서 권력형 비리와 친인척 비리가 발생하다

노태우 대통령은 1932년 12월 4일 2남 중 장남으로 태어
났다. 육사 졸업 후 베트남 전쟁을 거치면서 별을 달았다.
전두환의 후원으로 정계에 입문하였다. 노태우 정권기에는
물가가 폭등하고 부동산 경기가 과열되는 등 총체적 경제
난국을 맞이하였다. 정부와 재벌이 유착하여 뇌물을 주고받
는 사례가 발생하였다. 본인이 뇌물수수 사건으로 무기징역
을 선고받았다.

김영삼 대통령은 1927년 12월 4일 3남 5녀 중 장남으로
태어났다. 그는 1954년 5월 26세의 최연소 국회의원이 되
었다. 그는 유신독재 및 전두환 신군부와 싸웠다. 그는 한국
병 치유 등 과감한 개혁으로 90% 이상의 지지를 얻었으나 재
임 기간 중 외환위기와 IMF 구제금융을 요청하는 사건이 발

생하였다. 대통령의 아들 김현철이 한보철강 비리 사건에 연루되고, 언론사 사장의 인선에 개입하는 사건이 발생하였다.

김대중 대통령은 1924년 1월 6일 전남 신안에서 4남 4녀 중 차남으로 태어났다. 그는 유신독재에 항거하다 납치당했다. 그는 햇볕정책을 추진했고, IMF 조기졸업을 하는 데 성공했다. 그러나 재임 기간 중 신용기금 대출 보증 외압 사건, 동방금고 불법대출, 진승현 게이트 등 대통령 측근 비리가 계속 발생하였고 세 아들이 비리에 연루되는 사건이 발생하였다.

노무현 대통령은 1946년 9월 1일 경남 김해군에서 3남 2녀 중 3남으로 태어났으며 빈농의 아들이었다. 그는 상고를 졸업하고 사법시험에 합격했다. 재임 중 카드 대란과 부동산 투기 발생, 친형 노건평의 세종증권 매각비리 연루, 부인 권양숙과 아들 노건호가 박연차 사건에 연루되는 사건 등이 발생하였고 퇴임 후 관련 수사 과정에서 자살로 생을 마감하였다.

이명박 대통령은 1941년 12월 19일 일본에서 목장 인부의 아들로 태어나 4남 3녀의 3남으로 태어났다. 현대건설에 입사하여 37세의 나이에 현대건설 사장이 되는 등 월급쟁이 신화를 창조하였다. 정권 초기 쇠고기 수입 문제로 국민적 저항에 휩싸였으며 집권 기간 중 4대강에만 집중했던 정권이라 할 수 있다. 2008년 취임 첫해부터 미국의 서브프라임 모기지 금융위기를 맞이하였다. 악화된 위기를 극복하기 위해 한반도 대운하 사업을 추진코자 하였으나 여론에 밀려 4대강 정비 사업을 추진하였다. '형님 대군'이라 불리는 이상득 국회의원과 사돈이 구속되는 등 친인척 비리가 발생하였다. 또한 DAS기업 소유권이 자신에게 있지 않고 형의 재산이라는 문제로 소송이 진행 중에 있다.

박근혜 대통령은 1952년 2월 2일 박정희 대통령과 육영수 여사의 1남 2녀 중 장녀로 태어났다. 대한민국 제18대 대통령으로 최초의 여성 대통령이자 헌정 사상 최초로 파면된 대통령이 되었다. 1974년 8월 15일 광복절 행사에서 어머니의 사망으로 퍼스트레이디 역할을 했으며, 1979년 10·26 사태로 아버지 박정희 대통령이 서거하였다. 박근혜 대통령은 2014년 4·16 세월호 참사 사고 수습 지연 등으로 국민들로부터 지탄을 받았으며, 대기업체에 대한 각종 출연금 강요와 '최순실' 국정농단 사건 등으로 2017년 3월 10일 탄핵을 받아 파면되었다.

이렇게 우리나라는 1948년 정부 수립 이후 71년 동안 12명의 대통령이 집권하였다. 총 71년 중에 35년 동안 3명의 대통령이 장기집권하였다. 그리고 5년의 임기를 마친 대통령이 5명이며 임기를 마치지 못한 대통령이 3명이다.

　역대 대통령 12명 중 청렴한 대통령은 최규하 대통령이 유일하다. 『대한민국 대통령 실록』의 작가 박영규는 최규하 대통령을 이렇게 기술하고 있다. 그는 국무총리 시절 평생 연탄을 때며 살겠다고 약속한 적이 있는데 이후 사망할 때까지 연탄을 때며 살았다고 한다. 또 그는 고무신을 즐겨 신었는데 고무신이 닳아 밑창이 떨어지면 고무 타이어 조각을 붙여 신기도 했다. 달력 뒷면을 이면지로 활용하였고, 고등학교 시절에 쓰던 안경테를 외무부 차관 시절에도 착용했다. 또한 1953년에 구입한 선풍기를 2006년 사망할 때까지 무려 53년이나 사용했다고 한다.

　미겔 캄포도니코 작가는 『세상에서 가장 가난한 대통령 무히카』에서 우루과이의 호세 무히카 대통령을 소개하고 있다. 그는 게릴라 활동으로 13년 동안 수감 생활을 했고 민중운동에 참여했다. 그는 고등학교 졸업장도 없이 검소한 삶과 나누는 삶을 실천하였다. 그는 노벨상도 거부하고 월급의 90%를 기부하였으며 대통령궁을 노숙자 쉼터로 내주었다. 30년 된 낡은 차와 집이 그의 전 재산이다. 그는 삶에 대한 뚜렷한 철학과 소신을 갖고 일상에서 그를 실천하면서 여유와 자족을 누리고 있다. 그에게는 근엄한 통치권자의 모습이 전혀 없다. "조금은 있어도 괜찮은데"라는 소리를 듣는 완전히 동네 아저씨다. 무히카 대통령은 이웃 동네 사람들 사이에서 '페페(Pepe)'라는 애칭으로 불린다.

미국의 링컨 대통령은 미국 국민뿐만 아니라 세계인으로부터 존경을 받고 있다. 루즈벨트 대통령 역시 지금까지도 국민들로부터 사랑과 존경을 받으며 4선의 대통령이라는 전무후무한 기록을 가지고 있다.

우리 국민은 언제 '한국의 링컨과 루즈벨트'를 만날 수 있을까? '한국의 페페'를 만나 동네 소공원에서 초코파이와 새우깡을 먹으며 오순도순 이야기를 나누고 싶다.

03.
공직자가 알아야 할
공무원의 윤리와 의무

"사람에게 가장 많은 재난을 안겨주는 존재는 바로 사람이다."

– 프리니우스 1세 –

희박해지는 공무원의 윤리의식

일반적으로 어떤 사람이 공무원이 된다면 필수적으로 공무원의 윤리와 의무를 알고 근무를 해야 한다. 국민 전체에 대한 봉사자로서 공무원이 마땅히 지켜야 할 직업윤리를 '공직윤리'라고 한다. 공무원에게 올바른 윤리관을 갖게 하기 위해서는 공무원의 윤리적 행위규범의 법제화도 필요하지만 공무원 스스로의 자율적 윤리관 확립이 더 중요하다.

공무원을 처음 채용할 때부터 올바른 직업관과 바람직한 가치관을 가진 인물을 선발하도록 하여야 한다. 시험 과목에 공직윤리에 대한 과목을 반영하여야 한다. 또한 임용 후에도 공무원 스스로가 도덕적 행동 성향을 높이고 인격을 도야하며 윤리의식을 함양할 수 있도록 신규 임용자 임용교육 과정에 공직윤리 과목을 비중 있게 반영하여야 한다. 공무원 재직 기간 중에도 공직윤리 수준이 꾸준하게 확립될 수 있도록 각급 중앙행정기관 및 지방자치단체에서 교화 활동을 지속적으로 전개해야 한다. 또한 공직 윤리의식이 희박한 자는 공직에 임용되는 것을 사전에 막아야 하며, 재직 기간 중에도 공직윤리에 위배되는 행위를 하였을 때는 엄격하게 처벌을 강화해야 한다.

근래 각급 학교, 직장, 군부대에서 교사와 제자 간에, 직장 상사와 하급 직원 간에, 상급 장교와 하급 장교 또는 부사관 사이에 성추행, 성희롱 등의 문제가 언론에 자주 발생하고 있다. 공직 윤리가 땅에 떨어져 있는 모습이다. 게다가 음주 운전 사례가 자주 발생하고 있으며 음주 운전으로 적발되었던 자가 고위공직자로 임명되는 경우가 있다. 음주 운전자는 자신뿐만 아니라 타인의 생명과 재산에 엄청난 피해를 입히는 범죄 행위다. 그럼에도 불구하고 솜방망이 처벌을 하는 경우가 많이 있다. 이러한 사례는 시급하게 개선되어야 한다.

공직자가 공무원의 의무를 소홀히 하다

모든 공무원은 국가기관의 담당자로서 국가에 대하여 봉사하는 것을 그 임무로 하므로 이에 대응하는 특별한 의무를 부담한다고 헌법 제7조 1항에 명시하고 있다. 공무원의 의무는 그 지위에 있어서 당연히 발생하는 것이다. 모든 공무원은 기본적으로 국가공무원법에 정한 윤리와 의무를 다해야 한다. 그리고 공무원 자신의 신분에 따라 정한 의무를 다하여야 한다.

모든 공무원은 성실 의무, 복종 의무, 친절 공정의 의무, 비밀 엄수 의무, 청렴 의무, 품위 유지 의무가 있다. 그러나 현재 공직사회의 모습을 돌아보면 이러한 기본적인 의무를 지키지 않는 공직자가 많이 있다.

지방자치 단체장으로 선출된 자는 임기 동안에 지역 주민에게 최대한 헌신·봉사하여야 하며 자신이 내세운 공약을 실천하려고 항상 노력을 하여야 한다. 경기도의 어느 후보자는 시장에 당선되었다. 그는 임기 동안 지역주민에게 헌신·봉사하지 아니하고 다른 선거에 출마했다. 시장으로서의 성실의 의무를 다하지 않은 것이다.

임기 동안에 다른 선거에 출마하면 그 지역에 대하여 보궐 선거를 하여야 한다. 보궐 선거 비용은 국가에서 부담한다. 개인의 다른 목적으로 인하여 선거를 치르는데 국가가 선거 비용을 부담하는 것은 불합리한 제도라고 생각한다. 원인자 부담으로 선거비용을 구상하게 할 수 있도록 제도를 개선해야 한다.

어느 공직자는 임기 중에 하위 공직자를 추행하는 행위
가 적발되었다. 하위 공직자는 상급자에게 대항할 힘이 거
의 없다. 그 여성은 당사자를 고발했으나 법원에서는 무죄
로 판결했다. 피해자는 있는데 가해자는 없다는 것이다. 재
판은 진행되고 있으나 쉽게 납득할 수 없는 판결이다. 그는
공직자로서 품위 유지 의무를 다하여야 함에도 이를 지키지
않았다. 법은 엄격하고 냉정하게 지켜져야 한다.

　국회의원은 헌법에 따른 의무와 국회법에 따른 의무를 해
야 한다. 국회의원은 그 지위와 특권을 남용해서는 안 되기
때문에 헌법상의 의무로서 청렴 의무, 국익 우선의 의무, 지
위 남용 금지 의무, 겸직 금지 의무를 규정하고 있다. 또한
국회의원은 국회법상 의무로서 품위 유지 의무, 국회의 본
회의와 위원회 출석 의무, 의사에 관한 법령 규칙 준수 의무
를 가지는데 얼마나 성실하게 잘 지켜질지 의문이다.

낮은 수준의 국가 청렴도를 높여야

　세계적 반부패 운동 단체인 국제투명성기구에서는 매년
국가별 부패인식에 대한 조사를 하여 발표하고 있다. M이코
노미뉴스(2016.6.3)에서 보도한 내용으로 국가청렴위원회에
따르면 우리나라 부패지수는 OECD(경제협력개발기구) 34개국
중 27위로 하위권에 속하는 것으로 나타났다. 세계 168개국

중에서는 37위를 기록했다. 특히 우리나라의 부패 지수는 2008년 이후 7년 동안 정체 상태에 있는 것으로 나타났다.

전체적으로 보면 우리나라가 상위권에 있는 것처럼 보이지만 OECD에 가입한 34국 내 순위를 살펴보면 하위권인 27위에 있다. 아시아권에서도 싱가포르, 홍콩, 일본, 카타르, 부탄, 대만보다 뒤지는 수치이다. 세계경제대국 10위권에 비교하면 아주 부끄러운 수준이다.

부패 지수는 공직사회와 일반 사회의 여러 가지 지표를 분석하여 나타난다. 공직사회만 투명하다고 해서 높아지지 않는다. 일반 사회만 투명하다고 높아지지 않는다. 공직사회와 일반 사회가 함께 투명해야 국가 투명성 지수가 올라간다.

우리나라에서 청탁금지법 제정은 2012년으로 거슬러 올라간다. 청렴과 결백의 상징이 된 김영란 전 대법관이 국민들의 지지를 받으며 추진한 청탁금지법은 공직사회에서 금품이나 향응을 주고받으면 대가성에 상관없이 처벌하겠다는 것을 핵심 내용으로 하고 있다. 김 전 위원장이 이 법을 추진할 당시 국민들의 대대적 분노를 산 사건이 터졌는데 바로 '벤츠 여검사' 사건이다.

변호사로부터 수천만 원의 금품을 받고 사건 관련 청탁을 받은 여검사가 정황상 '대가성'이 없다는 이유로 '무죄' 판결

을 받은 것이다. 이 사건으로 공직사회에 암암리에 잔재하
는 청탁과 부패에 대한 문제를 뿌리 뽑기 위해 김영란 당시
국민권익위원장이 주도적으로 법 제정을 추진하였다.

04.
암행어사로서 바라본 공직사회

“사람이란 무엇인가. 사람은 어리석은 갓난아이다. 아무런 가치도 없는 것들을 얻기 위해 노력하고 싸우고 고민하지만, 결국 그가 얻을 수 있는 건 작은 무덤 하나뿐이다.”

– 토마스 칼라일 –

감사부서 10년, 지방자치단체의 비리 현장을 보다

중앙행정기관과 지방자치단체에는 감사관실이 있다. 감사관실에는 감사 파트와 조사 파트가 있다.

감사 파트는 일반적으로 연간 감사 계획에 따라 감사 대상기관에 대하여 2년 주기로 감사를 실시한다. 업무 성격에 따라 종합 감사, 부분 감사, 수시 감사를 실시하며 항상 공개적으로 이루어진다.

조사 파트는 특정 사건 사고가 발생했을 때 현장에 신분을 노출하지 않고 감찰 활동을 하는 경우가 많이 있다. 여러 기관에서 입수된 감찰 자료를 수집하여 현장에 나가기도 한다. 연말연시, 명절 연휴 기간, 하절기 휴가철 등 공직의 기강이 취약한 시기에 신분을 밝히지 않고 활동할 때가 많다.

감사 파트에서는 감사 대상 기관에 대하여 미리 감사 항목을 준비하여 감사할 수 있으나, 조사 파트는 전혀 다르다. 미리 감사 현장을 다니지 않고 사건 사고가 생기면 즉시 현장으로 나가는 경우가 많다. 사전에 계획된 출장이 아니라 돌발적으로 자치단체나 특정 지역을 방문하는 경우도 있다. 업무 처리에 있어 조사 파트가 난이도가 훨씬 높은 감찰 활동을 하고 있기에 일반적으로 감사부서는 공직자들이 선호하는 부서이지만 조사 부서는 기피 부서로 알려져 있다.

나는 4회에 걸쳐 10년 동안 감사관실 조사 파트에서 근무하였다. 옛날의 암행어사와 같이 지방자치단체에서 신분을 밝히지 않고 감찰 활동을 할 때가 많이 있었다. 암행어사의 마패 대신 특별한 신분증을 가지고 다녔다. 암행어사가 일반 어사와 다른 점은 일반 어사는 이조(吏曹)에서 임명하고 그 거동이 공개적인 것에 비해, 암행어사는 왕이 친히 임명할 뿐만 아니라 그 임명과 행동이 비밀리에 부쳐져 있다는 특색이 있는 것이다.

나는 민원인을 가장하여 민원실에서 일어나는 일을 살펴보았고, 사건 사고의 현장에서 그 원인과 처리되는 과정을 볼 때도 있었다. 언론에서 보도되는 사건을 추적하며 자치단체나 특정 공무원의 잘못된 행위를 적발하기도 했다. 지방자치단체와 밀착된 토착 비리를 규명해야 할 때도 있었다. 명절 기간 중 특정 업체에서 비밀리에 뇌물을 주고받는 행위를 맞닥뜨리기도 했다. 돈을 받고도 오리발 내미는 공직자도 있었다. 대규모 토목 공사를 하면서 고의로 시설 변경을 하여 공사비를 부풀려 예산을 낭비하는 행위를 본 적도 있었다.

감찰 활동을 하면서 매섭게 추운 겨울 날씨에 밖에서 떨어야 하는 때도 수없이 많았다. 식사도 제때 하지 못하고 어떤 사람을 무작정 기다릴 때도 많이 있었다. 어떤 경우에는 비위 공무원이 결재 서류 안에 돈 봉투를 넣어주는 경우도 있었다. 우리는 그것을 '독약'이라 부른다. 나는 돈 봉투를 자치 단체 감사부서 직원에게 돌려주며 관련자를 뇌물죄로 가중하여 징계하도록 지시하였다. 조사 부서에 있다가 조용히 사라지는 공직자를 보는 경우도 없지 않다. 지방자치단체 현장을 다니면서 지역개발정보를 알려주면서 투기를 부추기는 공직자도 일부 있었다. 우리는 현장을 다닐 때 지뢰밭을 다니는 기분으로 감찰하기도 한다.

피곤한 민원인, 숨어있는 성실한 공직자를 찾아서

나는 4회에 걸쳐 10년 동안 조사 담당관실에 근무하면서 지방자치단체에 있는 수천 명의 비리 공무원에 대하여 징계 처분 지시를 하였다. 모든 공직자들은 법령에 따라 성실하게 근무하면서 업무를 처리하여야 한다. 그러나 관계 법령을 제대로 알지 못하고 업무에 대한 연구를 하지 않아 민원인에게 불편을 초래하고 예산 등을 낭비하는 경우도 많이 있다. 어떻게 보면 자업자득인 셈이다. 업무를 제대로 처리한다면 징계 처분을 받을 이유가 없다.

지방자치단체에 감찰 활동을 하면서 비리 공무원을 많이 적발하여 징계 처분도 하였지만 불성실한 공무원 때문에 피곤한 민원인을 찾아 업무가 잘 처리되도록 도와준 적도 많이 있다. 하루는 ○○시청에 간 적이 있는데 초라한 모습의 한 할머니가 걱정을 하면서 어떤 사무실을 나오는 것을 보았다.

"할머니, 어떤 일로 오셨어요? 어려운 일 있으세요?"

"으응, 토지 보상금을 찾으러 왔는데 도장을 가지고 오래서….""

꼭 도장을 가지고 와야 할 일은 아닌 것 같았다. 담당 부서에 확인해 보니 도장이 없어도 서명을 하면 가능하다고 답변하는 것이었다. 담당 직원이 부서에 새로 온 지 얼마 안 되었다고 한다. 할머니에게 서명을 하고 보상금을 받도록 해주었다. 민원인 할머니는 고맙다며 식사를 같이하자고 말했다. 정중하게 양해를 얻고 다른 일을 보았다.

지방자치단체 감찰 활동 계획을 수립할 때 필요한 요소로 감찰대상기관, 감찰 기간, 감찰 인원, 주요 점검 항목이 있다. 점검 항목 위주로 감찰 활동을 하지만 숨어있는 모범 공직자도 발굴을 한다. 벌을 주기도 하지만 상을 주기도 한다. 감찰활동을 하면서 자치단체에 근무하면서 묵묵하게 성실히 근무하고 있는 공직자가 있는지 물어보고 추천을 하도록 한다.

많은 공직자들이 자기의 일을 드러내면서 열정적으로 하는 반면에 음지에서 조용하게 성실하게 근무하는 공직자도 많이 있다. 창의적인 업무 개발로 예산을 절감한 공직자도 있고, 지역 주민들로부터 칭송받는 공직자도 있다. 자치 단체에서 여러 명을 추천받아 업무실적 등을 검토하여 그 결과에 따라 인사담당부서에 장관 표창을 추천하기도 한다.

○○광역시 ○구청에 속한 ○○동사무소에 방문한 적이 있다. 업무적으로 동사무소는 거의 다니지 않는데 특별한 일이 있었다. 직원 중 1명과 자연스럽게 대화하게 되었는데 자신이 7급 공채로 들어와 동사무소에 근무한 지 3년이 넘어서 구청에 가고 싶다고 했다. 인사 부서 직원에게 몇 번 얘기했는데 별로 반응이 없었다고 한다. 이후 동장, 사무장과 대화하면서 그 직원이 평상시 성실하게 근무한다는 평을 들었다. 나의 옛 모습을 보는 것 같았다. 그래서 구청을 찾아가서 인사담당 과장을 만났다. ○○동사무소에 근무하는

김○○ 직원이 있는데 직원들의 평을 들어보고 구청으로 발령을 받게 했으면 좋겠다고 추천했다. 얼마 후 그 직원이 구청으로 발령을 받았다고 고맙다고 전화를 했다. 구청에서 일을 잘하고 있다는 말을 들었다.

05.
'No'라고 말할 수 있는
공직자가 있어야 한다.

"모든 타락 가운데에서 가장 경멸해야 할 대상은 다른 사람의 목에 매달리는 것이다."

– 도스토예프스키 –

영혼이 없는 공직자

모든 공무원은 법령을 준수하며 직무를 성실히 수행해야 한다고 규정되어 있다. 또한 공무원은 직무를 수행함에 있어서 소속 상관의 직무상 명령에 복종해야 한다고 명시되어 있다. 공무원은 공적인 업무를 처리함에 있어 상관의 지시를 받아 처리하는 경우가 많다. 여기서 소속 상관의 직무상 명령인지 아닌지, 그리고 정당한 명령인지 부당한 명령인지를 명확하게 판단하여 업무를 처리해야 한다.

안상헌 작가는 『생각의 힘을 키우는 고전 공부법』에서 『예루살렘의 아이히만』이라는 책을 소개하고 있다. 세계 2차 세계대전 당시 유대인 400~600만 명이 학살당했다. 아돌프 아이히만은 나치에 가담해서 유대인 학살에 참가한 책임자 중 한 사람이었다. 그가 주로 했던 일은 유대인들을 학살 장소로 이동시키는 것이었다. 그런데 전쟁 직후 학살에 관여한 많은 관료가 뉘른베르크 재판에서 전범자로 재판을 받았지만, 아이히만은 그렇지 않았다. 그는 독일이 패망한 후 아르헨티나로 도망가 신분을 속이며 숨어 지냈다. 십여 년 후 그의 도피 생활은 막을 내리고 이스라엘 비밀경찰에 체포되어 예루살렘에서 재판을 받았다.

정치철학자 한나 아렌트는 예루살렘에 가서 그의 재판을 참관하고 그에 대한 보고서를 작성하여 재정적 지원을 받은 〈뉴요커〉지에 제출하였다. 그는 이 내용을 정리하여 『예루살렘의 아이히만』을 집필했다. 유대인들을 학살했다는 죄명으로 재판을 받는 동안 아이히만은 자신은 죄가 없다고 주장했다. 자신의 기소는 잘못되었으며 자신은 어떤 인간도 죽인 일이 없다는 것이다. 자신은 국가의 명령에 복종했으며 그 일에 최선을 다했을 뿐이라고 했다. 변호인은 그가 다른 것에는 아무 관심도 없는 사무실의 일벌레일 뿐이며, 그저 '작은 톱니바퀴'였음을 강조하기도 했다. 그는 자신이 죄가 없음을 주장했고, 진정으로 죄가 무엇인지를 알지 못하는 듯했다.

아렌트는 아이히만이 3가지 무능을 가졌다고 지적하고 있다. 말하기의 무능, 생각의 무능, 타인의 입장에서 생각하는 것의 무능이 그것이다. 타인의 입장에서 생각할 수 있는 능력은 무엇이 옳거나 그른지, 이것을 해도 되는지 해서는 안 되는지를 판단할 수 있는 능력과 관계가 있다. 아이히만은 생각해 보지 않은 죄를 지었다. 성공에 집착할수록 무능력해진다. 아이히만이 생각하는 능력을 잃게 된 것은 그가 사회적 성공에 눈이 멀었기 때문이다. 악에 저항하지 않는 것은 악이다. 인간이 양심의 힘을 발휘하지 못할 때 악은 우리 주변에 스며든다.

우리는 역대 정권에서 권력형 비리, 최고 권력자의 친인척 비리 사건을 보아왔다. 세계 경제 10위권의 경제대국에서 일어날 수 없는 일이 일어나고 있다. 우리는 수없이 많은 '한국의 아이히만'을 보았다. 정부 부처. 국회, 대기업체에서, 최고의 명문 대학에서, 정부 산하 단체 등에서. 현기증 나는 일이다. 책임지는 자도 없었다. 사건 사고의 최고 피해는 고스란히 국민의 몫이며 때늦은 후회만이 있을 뿐이다. 법령을 준수하고 직무를 성실히 수행하는 성실의 의무를 다한 공무원 한 명이 있으면 대형 비리 사건을 사전에 막을 수 있다. 그렇지 못한 현실이 아쉽다.

정론과 직필로 오피니언 리더로서의 역할을 하는 언론사도 책임을 면할 수 있을까? 그들은 정의의 호루라기를 불어야 했다. 전두환 정권이 언론을 탄압했을 때 동아일보에서는 광고 면을 백지로 남겨놓고 신문을 인쇄했다. 오래전의 이야기가 아니다. 3~40년 전의 일이다. '하인리히의 법칙'과 같이 수많은 조짐이 있었고 징후가 있었다. 그럼에도 사후 약방문 식의 보도가 아니었는가? 아마 국정농단 같은 사건을 미리 취재하여 심층 보도하였다면 '퓰리처상'도 받을 수 있지 않았을까 생각해 본다.

'No'라고 말할 수 있는 공직자가 그리운 시대

김동길 박사는 조선일보 인물에세이(2018.8.25)에서 김상협 총장을 소개한 적이 있다. 호남의 대쪽 교육자였던 김상협 교수는 박정희 대통령 시절 문교부 장관을 맡아달라는 부탁을 받았다. 그는 단번에 거절하였으나 박정희가 그의 아버지에게 부탁하자 아버지의 말씀에 따라 할 수 없이 수락했다. 하지만 대학교 정원 문제로 마음에 안 맞아 바로 사표를 내었다. 그조차도 박정희가 수리하지 않아 3개월 만에 처리되었다.

이후 전두환 정권에서는 경호실장 장세동, 비서실장 함병춘을 동원하여 덕망과 경륜이 있는 김상협에게 국무총리직을 맡아달라고 부탁했으나 그는 이를 거절하였다. 그가 고려대 총장으로 있을 때 계엄령이 선포되자 그는 학생들에게 "봄은 반드시 온다. 낙심하지 말라"고 격려했다. 정당하지 못한 정권에 대항하여 자기 소신을 굽히지 않고 나아가는 선비 정신들이 귀하게 느껴진다.

안상헌 작가의 『생각의 힘을 키우는 고전 공부법』에는 디오게네스에 대한 일화가 나온다. 디오게네스는 개처럼 산다고 해서 견유 철학자로 불리고 있다. 개처럼 통 속에서 지내며 자유롭게 살아가는 디오게네스에게는 왕궁에 들어가서 호의호식하는 아리스토포스라는 철학자 친구가 있었다. 아리스토포스가 지나가다 그를 보았는데 마침 그가 콩깍지를 먹는 중이었던 모양이다. 그 모양을 보고는 아리스토포스가 혀를 차며 말했다.

"쯧쯧, 왕한테 와서 고개를 숙일 줄 알면 콩깍지를 먹지 않아도 될 텐데…."

그 소리를 듣고는 디오게네스가 말했다.

"콩깍지를 먹을 줄 알면 왕 앞에서 굽실거리며 살지 않아도 될 텐데…."

디오게네스에게 중요한 것은 자유였다. 아리스토포스에게 중요한 것은 밥이었다.

요즘은 정치권과 관가에서는 고기를 좋아하고 콩깍지를 싫어하는 사람들이 많이 있다. 콩깍지를 좋아하면 자신의 건강이 좋아지고 정신 건강도 좋아질 텐데… 값비싼 한우 쇠고기만 좋아하는 것 같다. 콩깍지를 좋아하면 쇠고기 수

요가 줄어들어 쇠고기 값이 내려가고 일반 서민들이 쇠고기를 싸게 사서 배부르게 먹을 수 있을 텐데…. 우리나라 발전을 위해서 콩깍지를 먹는 사람과 정의의 호루라기를 부는 사람들이 많이 나와야 한다.

06.
국민이 바라는 공직사회의 모습

"우리가 존중해야 하는 것은 단순한 삶이 아니라 올바른 삶이다."

– 소크라테스 –

노블레스 오블리주의 정신을 실천하는 공직사회

위키백과에 따르면 '노블레스 오블리주(noblesse oblige)'란 프랑스어로 "귀족은 의무를 갖는다."를 의미한다. 보통 부와 권력, 명성은 사회에 대한 책임과 함께해야 한다는 의미로 쓰인다. 즉 노블레스 오블리주는 사회 지도층에게 사회에 대한 책임이나 국민의 의무를 모범적으로 실천하는 높은 도덕성을 요구하는 단어이다.

로마에서는 "고귀하게 태어난 사람은 고귀하게 행동해야 한다."는 노블레스 오블리주가 귀족들의 불문율이었다. 병역 의무를 실천하지 않은 사람은 호민관이나 집정관 등의 고위 공직자가 될 수 없었다. 자신의 재산을 들여 공공시설을 신축하거나 개보수한 귀족에 대하여는 'ㅇㅇㅇ건물', 'ㅇㅇ

ㅇ가 이 도로를 보수하다'라고 귀족의 이름을 붙여주었다.

영국의 전통 있는 학교인 이튼 컬리지의 학생들은 제1차 세계대전 당시 참전하여 전사하였으며, 학교에서는 전사자들의 이름을 기록한 기념비를 제작하였다. 미국에서는 대기업을 중심으로 기업을 경영하여 얻은 수익금을 국가와 사회에 환원하는 기부 문화가 자연스럽게 이루어진다. 빌 게이츠 등 수많은 기업가가 재단을 설립하여 수천억, 수조 원을 기부하는 모습을 보여주고 있다.

백 리 안에 굶는 이가 없게 하라는 신념을 가지고 나눔으로 실천한 19세기의 경주 최 부잣집은 노블레스 오블리주의 대표적 모범 사례다. 유한양행 설립자 유일한은 미국에서 숙주나물 통조림을 생산하는 라초이 회사를 운영할 당시 녹두를 공급하던 중국 상인이 탈세하는 것을 것을 보고 충격을 받았다. 그래서 유한양행을 설립하고 도덕적 해이를 경계하여 정경유착, 탈세, 마약 생산을 절대 하지 않았으며, 주식회사 체제로 경영하여 사원들이 경영에 참여하도록 하였다. 이렇게 번 돈으로 유일한은 유한공업고등학교와 유한대학을 설립하였다.

우리나라의 많은 공직자와 대기업체, 사회를 이끌어가는 지도층을 중심으로 '노블레스 오블리주' 운동이 확산되어야 한다. 고위직 임명을 위한 청문회에서 병역면제, 세금 탈루,

위장전입, 음주운전 등으로 지탄을 받는 인사가 많이 있다. 이러한 인사는 고위 공직에서 물러나게 해야 한다. 우리나라에 만연되어 있는 도덕적 해이(Moral Hazard) 현상은 하루속히 극복되어야 한다.

국민에게 인정받는 정직하고 투명한 공직사회

국가적인 대규모 사업이나 프로젝트는 선정 과정에서 투명하고 공정한 절차를 거쳐 시행되어야 하지만 이러한 절차 등을 거치지 않고 이루어지지 않는 것이 많이 있다. 국가나 지방자치단체에서 추진하는 대규모 사업은 예비 타당성조사 등의 절차를 거쳐 세밀하게 사업을 추진하여야 하나 이러한 절차를 거치지 않는 사업도 있다. 이러한 사업을 추진하다가 여러 가지 사유로 중단되거나 지연되는 경우가 있으며 이로 인해 막대한 예산이 손실되는 경우도 많다.

국회의원의 헌법상 의무로서 국익 우선의 의무가 있다. 국회의원은 의원 개인이나 소속 정당 또는 선거구인의 이익보다 국가 또는 전체 국민의 이익을 우선시해야 한다고 명시되어 있다. 하지만 예산 심의할 때마다 관행적으로 쪽지 예산이 반복되고 있다. 국익 우선 의무를 위배한 것이다. 이러한 예산 처리가 더 이상 반복되지 않도록 개선되어야 한다.

국가의 수천억 원에 이르는 사회복지 예산이 각 지역에

산재되어 있는 사립유치원 등 사회복지시설에 지원되고 있다. 하지만 많은 유치원에서 국가 예산이 어린이 보육 목적이 아닌 유치원 소유자 또는 운영자의 사적인 목적으로 잘못 쓰인 사실이 적발되었다. 국가지원 예산이 시설 소유자 개인의 고급 차량 렌트비, 차량 보험료, 개인 명품 구입비, 개인 유흥비 등으로 사용되어 물의를 빚고 있다.

예산의 편성과 집행, 공공기관 및 국가 예산을 지원받는 사립 유치원, 사회복지시설에 대한 회계 업무는 국민들이 신뢰할 수 있도록 투명하게 처리되어야 한다. 그리고 행정 처리 과정에서 잘못된 일이 발생된 경우 그 일에 대하여 책임이 있는 공직자는 막중한 책임을 질 줄 알아야 한다.

국민의 부담을 줄이고, 국민 편의를 증진하는 공직사회

2019년 우리나라 전체 예산 규모는 471조 규모에 이르고 있다. 471조를 조달하기 위해서는 국민과 기업체가 수많은 세금을 부담해야 한다. 하지만 세금을 많이 내는 것을 좋아하는 국민이 어디 있을까? 1억이 넘는 연봉을 받는 국회의원도 많은 세금을 내라면 좋아하지 않는다.

그래서 효율적인 예산 관리를 위해서는 가능하면 많은 수입을 올리고, 지출은 최소한으로 줄여야 한다. 그래서 국가의 경제력을 향상시켜 국민에게 더 나은 삶의 질을 높이는 정책을 추진해야 한다. 이렇게 함으로써 GDP를 올릴 수 있고 OECD 국가 중에서도 선두 국가로 진입할 수 있다. 대규모 국가사업을 추진할 때 비용 효과 분석 및 예비 타당성 조사 등을 면밀히 하여 낭비적인 요소를 제거해야 한다. 사업이 중단되거나 지연되는 일이 없도록 문제 요소들을 사전에 제거해야 한다.

또한 우리나라 국회의원 수나 보수가 적당한지 외국의 사례 등을 비교 분석하여 재조정하여야 한다. 우리나라 국회의원의 보수는 OECD 국가 중 최고 수준이다. 하지만 스웨덴 국회의원의 보수는 실비를 받는 정도이다. 보좌관도 없이 일하므로 정신없이 바쁘다. 어떻게 보면 불쌍할 정도이다. 우리나라에서 국회의원 보수를 연봉 5천 정도를 조정하여도 출마할 사람은 많다. 적은 보수로 스웨덴 의원을 수입하여 비례 대표 등으로 활용하는 방법도 고려해 봄직하지 않을까 한다.

지방의회 의원도 처음에는 명예직으로 시작하였다. 그러나 지방 의원의 보수도 상당한 수준으로 올랐다. 지방 의원의 전체 수를 감안하면 천문학적인 숫자이다. 광역시 자치단체의 구 단위 지방 의원 제도는 폐지해도 되지 않을까 개인적으로 생각해 본다.

광역시 내 자치구의 여건을 돌아볼 때 차별성 있는 특징은 별로 없는 것 같다. 차라리 광역시의 지방 의원 수를 조금 늘리고 자치구 의원제를 폐지하는 것이 효율적이라고 개인적으로 생각한다. 상식도 없이 무작정 말하는 것이 아니다. 40년의 공직생활의 경험과 10여 년 동안의 감사 활동 등 풍부한 행정 경험을 바탕으로 국가 발전과 국민의 삶의 질을 향상시키는 측면에서 나오는 바람직한 의견을 제시할 뿐이다.

국민의 입장에서 국회의원과 지방의원 수를 줄이고, 그들의 보수를 국민들이 납득할 수 있는 수준에서 조정하고 낭비적인 요소를 제거하는 것이 필요하다. 다가오는 국회의원 총선거와 지방 선거, 대선에서 이러한 정책을 선거 공약으로 제시하면 국민들로부터 큰 호응과 지지를 얻고 좋은 결과를 얻을 것이라고 생각한다.

07.
조선시대 공직자로부터 답을 얻다

"사람은 숭고하다. 사람은 동정받는 존재가 아니라 존경받아야 하는 존재다."

– 소크라테스 –

우리가 본받아야 할 조선시대의 선비들은 많이 있다. 그 중에서도 우리 공직자들에게 귀감이 되는 선비들을 간략히 소개하고자 한다.

청백리의 표상, 황희 정승 (1363~1452)

황희는 내외 관직을 두루 거치면서 조선 개국 초기의 문물과 제도의 정비에 힘썼다. 그는 1392년 고려가 망하자 일정 기간 동안 은둔생활을 하며 고려 유신으로 지냈다. 1394년 조선 태조의 적극적인 출사(出仕) 요청을 수용하여 성균관 학관에 제수되었다. 그는 병조판서, 예조판서, 이조판서, 공조판서 및 강원도 관찰사를 역임하였다.

그는 우의정, 좌의정을 거쳐 1449년 영의정에 올라 18년 동안 국정을 통리하였다. 그는 재임하는 동안 수없는 파직과 복직을 하였다. 성품이 너그럽고 어질며 침착하였다. 그는 사리가 깊고, 청렴하며, 충효가 지극하였다. 학문에 힘써 높은 학덕을 쌓았으므로 태종으로부터 "공신은 아니지만 나는 공신으로 대우했고, 하루라도 접견하지 못하면 반드시 불러 접견했으며, 하루라도 좌우를 떠나지 못하게 하였다." 할 정도로 두터운 신임을 받았다. 그는 조선 왕조를 통해 가장 명망 있는 재상으로 칭송되고 있다.

조선을 구한 임진왜란의 명장 이순신 (1545~1698)

조선 선조 때 임진왜란과 정유재란의 해전에서 왜군을 격파하여 승리로 이끈 조선의 명장. 1576년 무과에 급제했다. 모함과 박해와 온갖 역경 속에서 일관된 그의 우국지성과 고결염직한 인격은 우리 민족의 사표가 되고 있다. 유성룡은 이율곡이 이조판서로 있을 당시 이순신의 이름을 소개한 바 있었으나 이순신은 율곡이 자기와 성씨가 같은 문중이라 하여 그의 재직 시엔 찾아가기를 사양했다고 한다. 1591년 수군절도사가 되어 왜구에 대비하여 거북선을 건조하고 군사를 조련했다. 1595년 왜군의 간계와 조정의 모함으로 백의종군하였으나 명량해전에서 13척의 배로 300여 척의 왜군을 격파하여 왜군의 서해 진출을 저지하는 등 여러 해전에서 승리를 거두었다.

임진왜란 전후의 기록, 『징비록』의 저자 유성룡 (1542~1607)

임진왜란의 초기 선조의 피난길을 수행했고, 왜군을 물리치는 데 공헌한 조선의 문인. 임진왜란 중 민정·군정의 최고 관직을 지내면서 전시 조정을 이끌었으며 임진왜란으로 위기에 빠진 조선왕조를 재정비·강화하는 데 힘썼다. 의주에서 병력을 모으고, 명군과 함께 평양성을 수복하는 등 조정을 이끌었다. 이순신이 탄핵받을 때 다시 그를 천거했다.

전란 중 민심을 달래고 군사력을 강화했으며, 천민들에게 면천할 수 있는 기회를 주는 다양한 정책을 시행하였다. 과감한 정책 때문에 자주 탄핵을 받아 벼슬에서 물러났다 기용되기를 반복했다. 1597년 이순신이 탄핵을 받아 백의종군할 때 이순신을 천거했다 하여 여러 차례 벼슬에서 물러났다. 말년에는 은거하여 저술에 힘썼다. 예조판서, 병조판서, 형조판서, 우의정, 영의정을 역임하였다.

유성룡은 임진왜란 후 민심 수습에 역점을 두었다. 임란에 공을 세운 사람들에게 신분에 따라 수관, 면천, 면역, 부과 등 파격적인 포상제를 실시하고 군사비 이외의 지출을 최대한 억제하여 공물 진상 등을 경감해 주는 등 백성에게 실제 혜택이 있게 하여 파탄·와해된 민심을 수습하였다.

'징비록'은 시경 소비편의 "내가 경계해서 후환을 경계한
다."는 구절에서 따온 말이다. 이 책은 임진왜란이 끝난 후
저자가 벼슬에서 물러나 있을 때 저술되었다. 이 책의 주요
내용은 임진왜란이 일어난 뒤의 기사가 대부분을 차지한다.
그러나 그 가운데에 임진왜란 이전 대일 관계의 교린사정(交
隣事情)도 일부 기록했는데 그것은 임진왜란의 단초를 소상
히 밝히기 위함이다.

공직자의 삶에
옳은 방향을 제시한 정약용 (1762~1836)

정약용이 태어날 즈음에는 비교적 나라가 평온했다. 영조
의 탕평책으로 당쟁이 그리 심하지 않았고 외침도 별로 없
었다. 정약용은 이익의 실학적 사상을 사숙했다.

정약용은 20세 때 과거에 합격해 성균관 유생이 되었다.
정조는 성균관의 유생들을 대상으로 늘 시험을 보았는데 그
에게는 『중용』을 내려주고 이를 강의하게 했다. 정약용은 임
금 앞에서 막힘없이 강의를 해냈고 정조는 크게 감탄했다.
호학의 군주 정조는 이때 정약용을 중용하리라 마음먹었다.
정조는 정약용을 신임하여 암행어사로 보내기도 하고 규장
각 학사나 승지 등을 맡기면서 늘 옆에 두었다, 이때 전해지

는 말로는 당시 영의정 채제공의 뒤를 이을 인물로 장년층의 이가환, 청년층의 정약용을 꼽고 있었다고 한다.

정조는 백성의 수탈을 일삼는 관리의 부정을 막으려 고심을 많이 하여 자신이 가장 신임하는 신하 정약용을 곡산부사로 보냈다. 곡산은 민란이 자주 일어나는 고을이었다. 그는 부임 이후 조세와 부역을 공평히 하고 옥사를 너그럽게 다스려 명목민관으로 이름을 떨치게 되었다. 정약용은 자부심이 강하고 자존에 차 있었지만 결코 싸움에 끼어들거나 남을 비난하지 않았다.

대체로 왕조시대의 목민관은 왕권을 대행한다. 따라서 목민관은 오늘날의 군수 같은 행정 책임자와는 권한이나 역할이 사뭇 달랐다. 목민관은 일반 행정뿐만 아니라 군정, 조세, 경찰, 사법 일부까지도 왕을 대신해 집행했다. 그래서 수령은 부임하기에 앞서 농사를 잘 관리하고 호구를 늘리고 학교를 일으키고 군정을 잘 다스리며 부역을 고르게 하고 송사를 간략히 하고 부정부패를 없애는 등 수령들이 지켜야 할 '칠사'를 외워야 했다.

정약용은 유배지에서 지방 농민들의 참상을 날카롭게 관찰했다. 그리고 암담한 농민의 참상을 몸소 겪고 보았다. 관리의 부정, 조정의 부패와 무능, 민생의 간고 등을 시로 읊기도 하고 책으로 정리도 하였다. 이렇게 해서 대표적으로 나온 것이 수령의 부정을 막기 위해 쓴『목민심서』, 치도와 방책을 제시한『경세유표』, 공정한 형벌을 위한『흠흠신서』이다. 특히 목민심서는 자신이 곡산부사로 있던 때의 경험과 강진의 농촌 현실을 겪으면서 쓴 것으로 불후의 명저로 뽑힌다.

08.
41년 공직생활과 가정생활의 성적표

"왕이든 백성이든 자기의 가정에서 평화를 발견하는 사람이 가장 행복한 사람이다."

– 요한 괴테 –

41년 공직생활의 회고

나의 인생을 돌아보면 크게 3기로 구분하여 볼 수 있다. 1955~1974년은 배움의 시기였다. 6·25 전쟁 직후 폐허의 땅에서 베이비붐 세대로 태어났다. 가난과 고통 속에서 어린 시절과 학창시절을 보냈다. 춥고 배고픈 어린 시절이었다. 학창 시절은 다른 세대와는 달리 중학교 입시, 고등학교 입시, 대학입시까지 연속적으로 입시지옥에서 시달려야 했다. 다른 세대와 달리 불운의 세대가 아니었나 생각해 본다.

1974~1991년은 지방공무원으로 근무한 시기였다. 9급 공무원으로 생활하면서 7급 공무원 시험 준비와 내무부 중앙소양고사 준비를 위하여 치열하게 살았던 시기였다. 나 자신의 의지와는 달리 9급 공무원이 되었고, 고졸 실력으로

직장에 다니면서 무모하게 7급 공무원 시험과 내무부 중앙 소양고사에 도전하여 성공했던 시기였다. 원주시청 감사실, 세무과에서 근무했다. 영어 회화 교육 성적 우수자로 강원도청에 발탁되어 관광과, 부녀복지과, 강원도도로관리사업소에 근무했다.

1991~2015년까지는 중앙행정기관에 근무하던 시기이다. 중앙소양고사 1위 성적우수자로 입상하여 내무부에 느지막이 입성하였다. 정권이 계속 바뀌면서 기관 명칭이 행정자치부, 안전행정부, 행정안전부로 바뀌었다. 감사관실에 4회에 걸쳐 10여 년 근무하면서 지방 출장을 수없이 다녀야 했다. 감사관실, 재난관리 부서, 정보화 부서 등에서 업무 폭주로 수없이 많은 야간 근무를 했다. 40년을 지방자치단체와 중앙행정기관에 근무하면서 국가의 발전과 국민을 위하여 일한 것을 큰 보람으로 생각한다.

가정생활에 소홀한 부끄러운 가장

41년의 공직생활을 돌아보니 치열한 삶의 연속이었다. 계속적으로 격무 부서에 근무하다 보니 가정에 소홀하게 되었다. 지방에 장기 출장으로 가정을 많이 비우게 되었고, 야근을 많이 하다 보니 가정에 소홀하게 되었다. 부모님께 자주 연락도 못 하고 찾아뵙지도 못하였다. 본부에 올라왔으니 부모님께 효도를 잘해야지 하고 마음속으로 생각했다.

1991년 내무부에 올라온 지 얼마 되지 않았을 때였다. 원주에 계신 형수님으로부터 갑자기 연락이 왔다. 당뇨로 오랫동안 고생하시던 엄마가 위독하시다는 연락이었다. 속이 상하고 서글펐다. 어쩔 수가 없었다. 며칠 후 돌아가셨다. 하늘이 무너지는 것 같았다. 땅이 꺼지는 것 같았다. 정신적인 지주였던 엄마가 돌아가시니 너무 슬펐다. 학창시절에 배웠던 노계 박인로의 시조가 생각났다.

반중 조홍감이 고와도 보이나다
유자 아니라도 품음직도 하다마는
품어가 반길 이 없을 새 글로 설워하나이다

조선 시대 후기, 노계 박인로가 어떤 선비의 집에 갔는데 홍시 감을 대접받았다. 그때 어버이가 좋아하시던 홍시 감을 보고 어버이를 그리워하며 다하지 못한 효성이 불현듯 생각이 나서 지은 시조 구절이다. 부모님은 자식을 기다려주지 않는다. 자식이 철이 들어 효도를 하려고 하는데 부모님은 이미 이 세상에 계시지 않는다. 살아계실 때 잘 할걸. 후회는 소용없다.

또한 지방에 잦은 장기출장으로 아이들과 함께 놀아주지

못해 미안했다. 아이들은 "다른 아빠들은 함께 놀아주고 에버랜드 같은 놀이공원에도 잘 가는데" 하면서 불평불만이 많았다. 가족들과 함께 여행도 많이 가지 못했다. 아내에게도 미안했다. 가장이면서도 가정에 충실하지 못했다.

업무적으로 바빠서 가정에 소홀했는데 다시 직장사역으로 바쁘게 되었다. 토요일은 제자 훈련, 훈련간사, 훈련 순장으로 바쁘게 사역하다 보니 주말까지도 가정에 소홀하게 되었다. 그런 나를 돌아보며 아내에게 미안하고 두 아들 녀석에게도 미안하다. 나의 가정생활의 성적표는 낙제점이었다. 낙제점을 면하기 위해 노력을 하지마는 여전히 어렵다.

이강일의 공직생활 고백

- 국민이 바라는 공직사회의 모습 -

　우리는 일제 식민지 시대를 거치고 6·25전쟁을 치르면서 찌들게 가난한 삶을 살아왔다. 하지만 경제개발계획과 새마을운동을 통해 '한강의 기적'을 이루면서 세계의 많은 국가들이 한국의 경제 발전에 주목하게 되었고 세계 10위권의 경제대국으로 발전하였다. 그러나 세계 경제 투명성 지수는 그에 미치지 못해 경제대국의 모습을 부끄럽게 하고 있다.

　우리나라는 정부 수립 이후 통치권자의 야욕으로 장기집권을 꾀하다가 4·19혁명으로 대통령이 하야하거나 10·26사태로 대통령이 시해를 당하는 등 대통령이 불미스러운 일로 임기를 채우지 못하는 경우가 있었다. 역대 정부 대부분이 깨끗한 정부를 표방하면서 출범했으나 권력층 비리와 친인척 비리로 인하여 사회적으로 물의를 야기하였다. 『대학』

에서 '수신제가치국평천하'라고 했다. 모름지기 공직자로서 나라를 다스리려면 우선적으로 자신의 몸을 닦고 가정을 올바르게 거느려야 하는데 이것이 우선되지 않은 경우가 많이 있다.

모든 계층의 공직자, 특히 국회의원, 장·차관 등 상위 계층의 공직자는 모름지기 '노블레스 오블리주'의 정신으로 공직 업무를 수행하여야 한다. 그러나 지도층이 솔선수범하지 않고 있어 국민들로부터 지탄과 불신을 받고 있다. 도덕적 해이(Moral Hazard) 현상이 심각하게 나타나고 있다. 이러한 현상은 공직사회 뿐만 아니라 공기업체, 금융기관, 대학기관 등 사회 저변에 공통적으로 나타나고 있다.

나는 40년의 공직생활을 하면서 10여 년 동안 감사부서에서 근무했다. 감사부서 중에서도 '조사' 파트에서 근무했다. 감찰 활동을 하면서 신분을 노출하지 않고 옛날의 암행어사와 같이 활동을 많이 했다. 공직자들의 비리, 공직자들이 국민들을 불편하게 하는 사례들이 눈에 많이 띄었다. 공직자들의 모습이 새롭게 변화되어야 한다. 보다 엄격한 '노블레스 오블리주'를 국민들에게 보여주어야 한다. 공직사회에서 상급자의 부당한 지시에 대하여는 과감하게 'No'라고 말할 수 있는 공직자가 되어야 한다. 'No'라고 답해야 하는데 그것을 못 해 사회적으로 물의를 빚고 국민들로부터 지탄을 받고 있다. 최고의 학벌과 지식으로 공직으로 들어왔으나 상급자의 부당한 지시에 'No'를 하지 못해 자신의 명예를 잃고 감옥에 갇혀 불행한 인생을 사는 사람이 많이 있다.

공직자의 윤리관이 재정립되어야 한다. 국회의원, 장·차관 등 지도층에 있는 상위 직급 공직자가 솔선수범하여야 한다. 공직생활을 하면서 최우선으로 국가와 국민을 위해서 일을 해야 하는데 그렇지 못한 공직자들이 있다. 공직자는 국민의 아픔과 고통을 어루만져 주고 눈물을 닦아주는 마음으로 일해야 한다.

다산 정약용 선생은 지방의 관리들이 백성들을 잘 돌보지 않고 사리사욕을 채우는 것을 많이 보았다. 다산은 유배지 강진에서 18년 동안 살면서 지방관리가 지켜야 할 덕목으로 『목민심서』를 저술했다. 국가의 경제와 법을 잘 다스릴 수 있도록 『경세유표』와 『흠흠신서』를 저술했으며 5백여 권의 책을 썼다. 우리 조선의 고결한 선비 정신을 공직자들이 본받아야 한다고 생각한다. 청백리는 못 된다 하더라도 청백리 정신은 이어가야 할 것이다.

공직자는 항상 국가와 국민을 위하여 헌신적으로 일해야 한다. 국민을 내 가족, 내 친족처럼 섬기는 마음으로 일을 해야 한다. 국민으로부터 신뢰받고 존경을 받는 공직자가 되어야 한다. 또한 우리나라가 세계 10위권의 경제대국인 것처럼 세계적 기준의 청렴 수준도 갖춰야 한다.

되어야 한다. 또한 우리나라가 세계 10위권의 경제대국인 것처럼 세계적 기준의 청렴 수준도 갖춰야 한다.

3장

성장 :
제자훈련과 사역자 양성

01.
껍데기 신자에서 알곡 제자로 변화되다

"우리가 보거나 생각하는 모든 것은 꿈에 지나지 않는다."

– 에드가 앨런 포 –

구제불능, 껍데기 신자였던 젊은 시절

나에게 복음은 땅끝이었다. 어린 시절부터 청년기에 이르기까지 나는 하나님을 모르고 살았다. 복음을 거절한 것이 아니라 복음을 전해주는 사람이 없었다. 내 주변에 하나님을 믿는 여러 사람이 있었을 텐데도 불구하고 나에게 복음을 전해주는 사람이 없었다.

어릴 적엔 교회에 가서 강냉이 빵과 덩어리 우유 등 구호품을 타오면서 끼니를 해결했다. 교회에 목사님, 전도사님, 사모님, 권사님, 집사님은 물론 많은 성도들이 있었을 텐데 나에게 교회에 나오라고 하는 사람이 하나도 없었다. 그때 복음을 들려주고 교회에 나오라고 했으면 빵과 우유를 더 많이 받으려는 마음으로 교회에 열심히 나왔을 것 같다. 예

146

수님을 믿고 안 믿고는 상관없이.

아펜젤러, 언더우드 선교사가 미국에서 우상과 미신을 섬기는 조선 땅에 배로 올 때는 4~5개월이 걸렸다고 한다. 그때 운이 좋은 사람은 6개월~1년 이내에 복음을 접할 수 있었을 것이다. 나에게 복음이 들어온 것은 30대 초기였다. 복음이 들어오는 데 30년이 걸렸다. 그것도 원주시청에 근무할 때 같이 근무하던 여직원이 예수님을 믿어보라고 말했던 것으로 단순한 권유 정도였다. 체계적인 복음의 핵심도 없었다. 정작 코가 꿰인 사람은 그 여직원의 친구로, 현재의 아내가 복음을 받아들였다. 아내는 원래 불교 집안이고 학교에서 불심회 활동을 열심히 했던 학생이었다.

처갓집에서는 난리가 났다. "예수를 믿으려면 친정으로 올 생각도 하지 마라", "교회를 나가려면 호적을 파 가라, 집에 얼씬도 하지 마라"는 반응을 보였다. 어떻게 보면 아내가 불쌍해 보였다. 당시 나는 교회에 열심히 다니지 않았기 때문에 상관이 없었다. 멀뚱히 바라볼 뿐이었다.

나는 신혼 초까지도 예수님을 잘 믿지 않았다. 아내가 교회에 가자고 하면 이런저런 핑계를 대며 가지 않는 편이었다. 직원들과 자주 술자리를 함께 하며 세속적인 모습으로 살았다. 시간이 어느 정도 흘러 억지로 교회에 끌려다니다가 제 발로 다니게 되었다. 교회에 다니다 보니 좋은 사람도 만나게 되었고 목사님 설교도 들어보니 좋은 말씀이 많이 있었다. 성가대 활동도 하고, 구역 모임에도 참여하게 되었다. 믿음이 조금씩 생기게 되었다. 신앙생활이 조금씩 익숙해졌다.

껍데기 신자에서 알곡 제자로 거듭나기

원주시청에서 근무하다 강원도청을 거쳐 내무부로 발령을 받아 올라오게 되었다. 내무부에는 기독선교회가 있다. 선교회 회원이 내게 와서 서울 청사 옆에 있는 직장인 예배에 참여해 보자고 했다. 몇 번 사양하다 참여해 보았다. 믿음 좋은 내무부 선교회원과 정부서울청사 연합선교회 회원들을 많이 접하게 되었다. 내무부 직장선교회에서 주관하는 예배모임, 기도모임에도 참여하게 되었다. 바쁜 업무 가운데 직장 사역에 헌신하는 선교회 회원들이 처음에는 이상하게 보였다.

이후 내무부와 총무처가 통합되어 행정자치부가 되었다. 행자부 기독선교회 모임과 정부서울청사연합회 사역에 어느 정도 익숙해지게 되었다. 직장사역에 열심히 헌신하는 회원들의 모습을 보며 약간은 부담감이 생겼다. 다른 선교회원들은 열심히 헌신하고 있는데 나의 모습은 헌신도가 많이 떨어져 있었다. 특히 지방에 자주 출장을 다니다 보니,

출장을 1~2주 다녀오면 맥이 끊어지는 듯했다. 여러 가지 제자훈련을 받은 회원들도 많이 있었다.

1998년 어느 날 행자부 기독선교회 회원들이 제자훈련을 한번 받았으면 좋겠다고 권했다. 나는 교회에서 성가대 활동도 하고, 구역 모임에도 잘 참여해서 이 정도면 괜찮지 않나 생각했었다. 제자훈련의 필요성도 별로 느끼지 못했다. 감사부서에 근무해서 지방 출장이 많아 훈련을 받을 엄두가 나지 않았다.

하지만 회원들의 권유는 멈추지 않았다. 열심히 기도해 볼 테니 제자훈련 한번 받아보자는 것이었다. 계속되는 권유에 훈련을 안 받으면 안 될 것 같다는 생각이 들었다. 계속적인 권유에 못 이겨 훈련을 받게 되었다. 끊임없는 요구에 한번 받아주자는 생각이었다. 지방 출장을 많이 다니니까 받을 수 있을 만큼만 받기로 했다.

결국 1999년 3월 직장선교대학 훈련을 받게 되었다. 알고 보니 우리나라 S 대학교보다 더 훌륭한 대학이었다. 평상시 교회에서 가르쳐주지 않는 직장사역과 제자훈련을 체계적으로 배우게 되었다. 평범한 그리스도인에서 전도하고 양육하는 제자로 태어나게 되었다. 껍데기 신앙에서 알곡 신자로 거듭나는 순간이었다.

행자부 선교회에서
제자사역 멘토와의 운명적인 만남

"사람들은 자기들이 이해하지 못하는 것을 경멸한다."

– 코난 도일 –

열 살 어린 멘토, 강필구 형제와 맨투맨의 시작

정부 조직 개편으로 내무부와 총무처가 통합하여 행정자치부가 되었다. 각 부처의 선교회도 행정자치부 기독선교회로 통합되었다. 행자부 선교회에는 제자사역에 헌신하는 형제자매들이 있었다. 여러 가지 제자훈련을 받은 지체들도 많이 있었다. 알곡 같은 형제자매들이었다.

어느 날 행자부 선교회의 강필구 형제로부터 차 한잔하자고 연락이 왔다. 신앙생활에 대해 여러 가지 의견을 나누었다. 그는 내게 제자훈련을 한번 받았으면 좋겠다는 의견을 제시했다. 하지만 나는 제자훈련에 대해서 별로 관심이 없었다. 교회에서 웬만큼 신앙생활을 하고 있다고 생각했기 때문이다. 나보다 나이가 많이 어려 신앙생활에 크게 도움이 될 것 같지 않다는 생각도 들었다. 그는 포기하지 않고 끈질기게 직장에 가까운 선교단체에 함께 같이 갔으면 좋겠다고 했다. 일주일에 한 번 맨투맨도 했으면 좋겠다고 했다. 나는 그때 당시 감사부서에 근무하면서 업무도 많고 지방 출장이 잦아 항상 피곤했다.

하지만 여러 번의 권면에 따라 결국은 13주 과정의 직장선교대학 훈련을 받게 되었다. 지방 출장을 자주 다녀서 훈련을 받을 수 있는 만큼만 받기로 하였다. "왜 직장사역을 해야 하는지?", "제자사역이 무엇인지?" 등 교회에서는 잘 알려주지 않는, 그러나 믿는 사람이 반드시 알아야 하는 그런 주제들이 훈련의 주요 내용들이었다. 훈련을 받으면서 짬짬이 직장인성경공부모임(Business Bible Belt, BBB)에 참여하게 되었다. 모임에 참석하면서 형제자매들의 전도와 양육의 사역에 대한 뜨거운 열정을 느낄 수 있었다.

직장인성경공부모임에 참석하면서 강필구 순장과 맨투맨을 하였다. 신앙생활을 하면서 맨투맨이라는 것을 처음으로 알았다. 월터 헨릭슨의 『훈련으로 되는 제자』를 교재로 약 3개월간 일주일에 한 번, 아침 7시에 서울청사에 나와서 사역을 함께 나누는 시간이었다. 매섭게 추운 날씨에 아침 7시까지 나오는 것은 쉽지 않았다. 그러나 한 주 한 주 시간이 갈수록 은혜가 넘치는 시간이 되었다. 맨투맨을 받고 제자훈련 NLTC 훈련(지금의 BTC 훈련)을 처음으로 받았다. NLTC 훈련을 받고 본격적인 제자사역에 참여하게 되었다.

맨투맨을 하면서 각자 일주일의 삶을 나누고, 각자의 신앙을 점검하면서 서로의 기도 제목을 나누는 시간은 영적으로 아주 유익한 시간이었다. 맨투맨 사역은 BTC 훈련 등 제자훈련을 받기 이전에 기본적으로 하는 사역으로, 제자사역에 대한 안내와 함께 훈련생을 영적으로 무장하고 준비시키는 사역이라고 할 수 있다. 현재 BBB 각 모임에서 훈련생을 대상으로 제자훈련 개시 이전에 맨투맨을 충실하게 하면 훈련 효과도 상당히 높일 수 있는데 많은 순장과 리더들이 밀도 있는 맨투맨을 하지 않아 훈련 효과가 떨어지는 것 같다. 맨투맨은 아침 시간이 가장 좋은 시간으로 생각된다. 아침 시간이 아니면 부득이 저녁시간을 활용하면 된다. 점심시간은 충분한 시간이 확보되지 않아 맨투맨 시간으로는 부적합하다.

맨투맨과 제자훈련, 순장에게 배운 대로 적용하다

나는 강필구 순장과 3개월 정도 충분한 시간을 내어 맨투맨을 하였다. 또한 내가 나의 순원을 대상으로 맨투맨 할 때는 나의 순장에게 배운 대로 적용하였다. 항상 아침 7시에 서울청사에서 만나 1시간 30분 정도 맨투맨을 하였다.

맨투맨을 하기 위하여 눈보라 몰아치는 한겨울에 손을 호호 불며 들어오는 순원을 볼 때 미안한 생각도 들었다. 내가 아침 7시에 나오는 것은 익숙해져 있었고 제자훈련에 대한 사명감이 있어 나오기가 어렵지 않았다. 그러나 아직 제자 사역에 대한 마인드가 약한 순원들이 일찍 나오는 것은 더 힘들었다. 내가 왜 순원들에게 이런 고생을 시켜야 하나 고민도 하였다. 내가 지금 잘하고 있는 건가 불안과 걱정이 되기도 하였다. 그러나 결론은 힘들어도 해야만 하는 것이었다. 더 많은 그리스도인, 더 많은 사역자가 해야 하는 것이었다.

나는 순장의 권유에 따라 NLTC(새생명) 훈련을 받았다. 2000년 그 당시에는 직장사역에 참여하는 형제자매들의 헌신도가 지금보다 훨씬 높았다. 지금은 훈련받을 형제자매들이 많지 않아 누구를 보낼까 걱정하는 상황인데, 당시에는 훈련 희망자를 모두 보낼 수 없어 누구를 먼저 훈련 보내야 하는지를 고민하였다.

나는 기회가 되지 않아 3수를 하며 훈련을 받았다. 한 번은 모임에 출석한 경력이 짧아 훈련을 받지 못했다. 다음에는 훈련 대상 인원을 모임별로 배정하였는데 우선 훈련 대상자가 있어 훈련을 받지 못했다. 결국 3번째 기회를 얻어 간신히 훈련을 받게 되었다. 내가 NLTC훈련을 받은 후 순원들을 맨투맨으로 양육하고 주기적으로 훈련을 받게 했다.

나의 순원 행자부의 이희봉, 조인묵, 장상만, 김대경, 고준석 형제, 국방부의 김이수 형제, 외교부의 한충희 형제, 정보통신부의 정종기 형제는 맨투맨을 위해 매번 아침 7시에 정부서울청사 지하 2층 예배실에서 만났다. 서울청사에 아침 7시에 맞추어 나오는 것은 쉽지 않았다. 집에서는 6시를 전후하여 나와야 했다. 겨울에 6시는 칠흑 같은 어두움이다. 칼바람을 가르며 청사에 나와야 했다.

나는 처음으로 직장선교대학 훈련을 받았다. 이어서 13주 과정의 전도와 양육을 위주로 하는 NLTC 1단계 훈련을 받은 후 순원에게 NLTC 1단계 훈련을 받게 하였다. 순원이 어느 정도 사역을 하게 된 후 NLTC 2단계 훈련을 받았다. 이후 반복적으로 맨투맨을 하면서 순원들을 양육하였다.

제자훈련에 대한 유익을 알게 된 후로는 지속적으로 다른 제자훈련을 받았다. 세계전도폭발 한국본부에서 주관하는 13주 과정의 전도폭발 훈련 1, 2, 3단계 훈련을 받았다. 한국예수전도단에서 주관하는 6개월 과정의 DTS(예수제자훈련학교) 훈련을 받고 네팔에 단기선교여행을 다녀왔다. 인터콥에서 주관하는 13주 과정의 시니어 비전스쿨 선교 훈련을 받고 캄보디아 단기선교여행을 다녀왔다. 호프 선교회에서 15주 과정의 선교 훈련을 받았고 필리핀에 단기선교여행을

다녀왔다. 여러 가지 제자훈련을 받고 순원들에게도 다양한
훈련을 받게 했다.

03.
비행기를 타고 다니면서
제자훈련을 받다

직장선교, 제자사역에 눈을 뜨다

나는 2000년이 다가오는 1999년 3월에 직장선교대학 훈련을 받았다. 처음부터 받고 싶은 훈련은 아니었다. 행정자치부에 근무할 당시 직장선교와 제자사역에 헌신하는 형제자매들이 많이 있었다. 그러한 행자부 선교회 임원 몇 명과 차 한 잔을 하면서 제자훈련을 받았으면 좋겠다는 권면을 받았다.

그 당시 감사부서에 근무하느라 지방 출장이 잦았다. 지방 출장도 짧게는 3~4일, 길게는 7~10일, 어떤 때는 보름 정도 되는 장기 출장이 많았다. 제자훈련 같은 것은 전혀 생각할 수 없었다. 또 한편으로는 교회에서 성가대 활동도 하고, 구역 모임도 웬만큼 참여하고 있어 이 정도 신앙생활하면 되지 않나 이러한 생각을 하고 있었다. 그래서 직장선교에 관심도 없었고 제자훈련을 받을 직장 환경도 아니어서 훈련을 받을 수 없다고 말했다. 그러나 그들은 집요했다. 2년째 나를 물고 늘어졌다. 끈질긴 권유에 따라 미안한 생각도 들었다. 제자훈련을 받아주어야 할 것만 같았다. 할 수 없이 직장선교대학 훈련 등록을 하고 제자훈련을 받을 수 있을 만큼 받기로 했다. 지방 출장을 가면 교육을 빠지게 되는 적당한 핑곗거리였다.

1999년 3월 훈련이 시작되었다. 첫 번째, 두 번째 교육을 받았다. 직장선교의 비전, 직장전도의 필요성, 제자훈련의 목표, 4영리 전도법 등에 대하여 강의를 들었다. 교회에 15년 이상 다녔어도 교회에서 전혀 들어보지 못한 내용들이 많이 있었다. 강의를 들어보니 내용이 참신하고 그리스도인들이 꼭 들어야 할 내용들이 많았다. 교육을 빠지면 안 되겠다는 생각이 들었다.

이후 3주 차 교육에 접어들자 생각했던 대로 출장 계획이 잡혔다. 난감했다. 출장도 가야 되고 훈련도 받아야 했다. 적당한 핑곗거리가 생겼으나 막상 교육을 빠질 수가 없었다. 먼저 받은 교육 내용이 너무 좋아 빠지기가 아깝기 때문이었다. 당시 교육을 받을 수 있는 방법이 딱 한 가지 있었다. 비행기를 타고 다니면서 교육을 받는 것이었다. 지금이라면 훌륭한 교통수단으로 KTX가 있다. 그러나 그 당시에는 KTX가 들어오지 않았다. KTX는 내가 제자훈련을 거의 마친 후 2004년에 도입되었다. KTX가 몇 년 일찍 들어왔으면 제자훈련을 좀 더 편안하게 잘 받았을 텐데. 하나님께서 왜 이렇게 어렵게 훈련을 받게 하셨는지 모르겠다. 하나님께 조금은 섭섭했다.

직장선교대학 훈련 기간 중에 지방에 출장 가는 횟수가 4~5회 정도 되었다. 똑같은 방법으로 다녀야 했다. 비행기를 타더라도 시간이 많이 걸렸다, 지방에서 출장 업무를 보다 도시 외곽에 위치한 공항에 가서 항공권을 사고, 공항에서 대기하다가 비행기로 김포공항으로 오는 시간이 많이 걸릴 뿐만 아니라 공항에서 다시 서울 시내로 들어오는 시간을 감수하며 간신히 교육을 받아야 했다. 밤에 집에서 자고 새벽에 다시 김포공항에서 비행기로 내려가 출장 업무를 봐야 했다.

피를 말리는 시간이었다. 007 작전 같은 훈련이었다. 아마 비행기 타고 제자훈련을 받은 사람은 세계에서 나밖에 없을 것으로 생각한다. 어떻게 이런 훈련을 받았을까? 심지어 제자훈련을 한 번도 아니고 여러 번 받았다. NLTC 훈련 1, 2단계, 전도폭발 훈련 1, 2단계 훈련도 이렇게 받았다. 시간도 많이 걸렸지만 항공료 등 교통비도 엄청나게 들었다. 나중에 하나님께 청구할 생각이다.

제자사역의 우선순위

이 세상에는 조직생활과 사회생활, 가정에서 해야 하는 일들이 수없이 많이 있다. 모든 일을 효율적으로 하기 위해서는 원칙과 순서에 따라서 해야 한다. 일의 우선순위를 두고 하여야 한다. 사역에 있어서도 마찬가지이다. 마태복음 6장 33절에선 "그런즉 너희는 먼저 그의 나라와 그의 의를 구하라 그리하면 이 모든 것을 너희에게 더하시리라"고 말씀하셨다.

직장에 근무하다 보면 기본적으로 업무와 함께해야 하거나 하고 싶은 일들이 많이 있다. 업무 외적으로 향우회, 동호회, 친목회, 취미클럽 등의 모임 행사가 있다. 자기 업무 발전을 위한 어학공부, 자격증 전문분야 학습, 자기계발을 위한 연구 모임 등 여러 가지가 있다.

나도 제자훈련에 눈을 뜨기 전에는 이런 행사, 저런 모임을 정신없이 쫓아다녔다. 술과 오락 등 약간의 즐거움도 있었다. 그러나 그렇게 살다 보니 남는 것이 없었다. 그러한 방법으로는 삶의 의미도 없었다. 그래서 주변 정리를 했다. 처음에는 어려웠다. 계속 주변 정리를 해나가자 나중에는 모든 일과 사역을 효율적으로 할 수 있게 되었다.

직장사역을 한다고 하면서도 수많은 모임에 끌려다니고, 자기계발을 탐닉하고 다니는 사람들이 있다. 완전히 출세 지향적으로 사는 사역자인 셈이다. 진짜 의미 있는 사역에 동참했으면 좋겠다고 권면해 보기도 한다. 오랫동안 사역한 다고 하면서도 그의 사역을 돌아보면 열매 없는 과실을 보는 것 같아 안타까울 때가 있다.

나는 직장선교, 제자사역을 오랫동안 하면서 행자부 선교회 부회장, 정부중앙청사 기독선교연합회 부회장, 세종로 BBB 지역 모임 대표 등을 역임했다. 많은 선교회 회원들과 사역자들을 만났다. 나는 수많은 직장 그리스도인들에게 "제자훈련 한번 받아 보실래요?", "직장사역에 함께 참여합시다." 하면서 제자사역에 함께 동참하기를 권유했다. 그러나 많은 사람들의 대답은 비슷했다. "직장 일이 바빠서", "나중에 할게요.", "이 일만 마치고 할게요." 얼마 후 다시 권유를 해도 돌아오는 응답은 마찬가지였다. 제자훈련에 눈뜨기 이전의 나의 모습이었다. 그들의 말이 충분히 이해가 된다. 그렇게 쉽사리 변하지 않는 것이 사람의 마음이다.

세계적인 자기계발서 작가로 알려진 스티븐 코비는 『성공하는 사람들의 7가지 습관』에서 3번째 습관으로 '소중한 것을 먼저 하라'고 주장하고 있다. 그는 어떤 활동을 결정하는 두 가지 요소로 '긴급성'과 '중요성'을 들면서 네 가지 사분

면으로 구분하고 있다. 그중에서 제2사분면은 효과적인 자기관리의 심장부라고 말하고 있다.

일에 가치가 있고 의미가 있는 것은 소중한 것이다. 허접한 일을 하기 위해서 소중한 일을 놓친다면 얼마나 불행한 일인지 생각해 볼 일이다. 제자사역은 충분히 가치 있고 의미 있는 일이다. 어떤 일보다 소중한 일이다. 소중한 것을 먼저 하라.

04.
직장에서 제자사역의 고수들을 만나다

"많은 신앙의 위인들에게는 모두 한 가지 공통점이 있다. 그들이 성공이
나 승리를 거둔 것이 아니라 열정을 가지고 있었다는 사실이다."

– 필립 얀시 –

한국 기독교 역사에서 영적 고수를 만나다

나는 2004년 3월부터 8월까지 한국예수전도단에서 주관
하는 DTS(예수제자훈련학교) 훈련을 받았다. 그리스도인에게
필요한 종합 영성을 개발하는 훈련이었다. 훈련을 마치고
네팔로 단기선교여행이 계획되어 있었다. 여행을 떠나기 전
에 훈련생들과 마포구 양화진에 있는 외국인 선교사 묘역을
방문하였다. 많은 선교사들이 젊음을 다 바쳐 선교하다 순
교한 모습을 보고 감동이 되었다. 미신과 우상을 섬기던 조
선 땅에 오직 복음을 전하고자 하는 열정으로 처음으로 들
어왔던 언더우드의 간절한 기도문을 보면서 절로 마음이 숙
연해졌다.

오 주여, 지금은 아무것도 보이지 않습니다

주여! 지금은 아무것도 보이지 않습니다.

주님, 메마르고 가난한 땅

나무 한 그루 시원하게 자라 오르지 못하고 있는 땅에

저희들을 옮겨 심으셨습니다.

그 넓은 태평양을 어떻게 건너왔는지

그 사실이 기적입니다.

주께서 붙잡아 뚝 떨어뜨려 놓으신 듯한

이곳 지금은 아무것도 보이지 않습니다.

보이는 것은 고집스럽게 얼룩진 어둠뿐입니다.

어둠과 가난한 인습에 묶여 있는 조선 사람뿐입니다.

그들은 왜 묶여 있는지도, 고통이라는 것을 모르고 있습니다.

고통을 고통인 줄을 모르는 자에게 고통을 벗겨 주겠다고

하면

의심하고 화부터 냅니다.

조선 남자들은 속셈이 보이지 않습니다.

이 나라 조정의 내심도 보이지 않습니다.

가마를 타고 다니는 여자들을 영영 볼 기회가 없으면 어쩌
나 합니다.
조선의 마음이 보이지 않습니다.
그리고 저희가 해야 할 일이 보이지 않습니다.

그러나 주님 순종하겠습니다.
겸손하게 순종할 때 주께서 일을 시작하시고
그 하시는 일을 우리들의 영적인 눈이
볼 수 있는 날이 있을 줄 믿나이다.

"믿음은 바라는 것들의 실상이요 보지 못하는 것들의 증거니…"
라고 하신 말씀을 따라
조선의 믿음의 앞날을 볼 수 있게 될 것을 믿습니다.

지금은 우리가 황무지 위에 맨손으로 서 있는 것 같사오나
지금은 우리가 서양귀신 양귀자라고 손가락질 받고 있사오나
저희들이 우리 영혼과 하나인 줄을 깨닫고
하늘나라의 한 백성, 한 자녀임을 알고
눈물로 기뻐할 날이 있음을 믿나이다.

지금은 예배드릴 예배당도 없고 학교도 없고

그저 경계의 의심과 멸시와 천대함이 가득한 곳이지만
이곳이 머지않아 은총의 땅이 되리라는 것을 믿습니다.
주여! 오직 제 믿음을 붙잡아 주소서!

H. G. 언더우드(1859-1916)

언더우드의 기도와 함께 수많은 선교사들의 피와 땀과 눈물이 함께했고 그로부터 130여 년이 지나면서 이제는 우리나라가 해외 선교사 파송 세계 2위 국가로 발전할 정도로 기독교가 부흥하였는데 이것은 전적으로 하나님의 은혜라고 할 수 있다.

직장인성경공부모임(BBB)에서 만난 제자사역의 고수들

행자부에서 만난 강필구 형제님은 나이는 비록 어려도 나의 순장이고 영적 멘토이다. 행자부 선교회에서 그를 만난 것은 하나님의 은혜였다. 젊었을 때부터 일찍이 제자사역에 눈뜨고 행자부 선교회와 서울청사연합선교회를 제자화시킨 큰 인물이다. 평범한 그리스도인이었던 나를 제자훈련에 참여하게 하였고, 세종로 직장인성경공부모임(BBB)으로 인도하였다. 나를 직장 선교사, 제자 사역자로 세워 주었으며 탁월한 영성과 전문성을 갖춘 제자사역의 고수다. 제자사역에 헌신하다 직장 상사로부터 모욕을 당하는 경우도 있었으나 굳은 마음으로 사역하고 있다.

세종로 BBB모임의 홍현선 순장은 세종로BBB모임의 대부이시다. 공무원선교모임을 선도하였고 우리나라 공직사회 선교를 위해 한국공직자선교연합회를 창립한 대가이시다. 젊은 시절 경제기획원(지금의 기획재정부)에서부터 선교회를 활성화시켰다. 국무총리실로 자리를 옮겨 정부서울청사 내 각 부처 선교회 모임을 제자화하는 데 많이 헌신하였고, 다시 부패방지위원회, 국민청렴위원회로 자리를 옮겨 공직사회를 깨끗하게 하는 데 큰 역할을 하였다. 고위직에 있으면서도 평신도 사역자로 열정을 다하는 분이다. 직장인성경공부모임(BBB) 제자사역의 이론을 체계화한 분이다.

1990년 직장인성경공부모임(BBB)을 창립하신 분은 최봉오 전 대표이시다. 창립 당시 40명이 서울 명동에 모였으나 30여 년을 바라보면서 현재 100여 개의 지역 모임에 사역자가 2,000명에 이르고 있다. 젊은 시절부터 제자사역에 불태워 헌신하신 분이다. 산업 은행에 근무하면서 금융권 제자사역을 위하여 출근시간 이전에 금융기관을 방문하여 맨투맨을 하는 등 열정을 다하였다. 은행에 재직하는 동안 직장사역 때문에 상급자에게 핀잔을 받고 인사상의 불이익을 받으면서도 직장사역에 헌신하였다.

현재 직장인성경공부모임(BBB)을 이끌어 가시는 분은 송기정 대표이시다. 교보생명에서 임원으로 활동하였고 업무적으로나 영적으로 탁월하신 분이다. 젊은 시절 한때는 자신의 주먹을 믿었으나 회심하여 사도 바울과 같은 사역을 감당하고 있다. 내가 2002년에 NLTC 2단계 훈련을 받을 때 4명이 한 팀으로 구성되었는데 그가 우리 팀의 훈련 순장으로 활동하였다. 은퇴 후에도 수시로 제자 양육을 하며 바쁜 시간을 보내고 있다.

이렇게 내가 아는 제자사역의 고수 4명을 소개하였다. 직장사역을 같이하면서 이 외에도 각 지역에서, 모임에서 수많은 고수들을 만났다. 특별한 수입도 없이 자비량으로 헌신하는 제자사역의 고수들의 열정적인 모습이 아름답다.

한 사람의 제자가 만들어지는 데는
5년이 걸린다

"또 네가 많은 증인 앞에서 내게 들은 바를 충성된 사람들에게 부탁하라
저희가 또 다른 사람들을 가르칠 수 있으리라."

– 딤후 2:2 –

직장 내 제자 한 사람의 소중함을 깨닫다

행자부 선교회의 강필구 순장과 함께 맨투맨을 하고 13주 과정의 NLTC 1단계 훈련을 지방 출장 등의 어려움 속에서 받아 수료식을 마쳤다. 훈련을 받았으니 예비 순장이 된 셈이다. 훈련받은 대로 양육을 하고 싶었다. 그래서 행자부 선교회원 중에서 양육할 만한 형제자매들을 찾아보았다. 선교회원 이 사람 저 사람을 생각해 보았으나 내가 양육할 만한 사람들은 아무도 보이지 않았다. 내가 훈련을 받았다고 해서 양육을 받겠다고 선뜻 나서는 사람은 아무도 없었다. 나는 초보 운전자와 비슷했다. 수술을 처음 하는 초보 의사와 마찬가지였다. 난감하고 답답했다. 묘수가 없었다. 하나님께 기도했으나 하나님은 잠잠하셨다.

이후 2002년 1월 사무관으로 승진해서 수원에 있는 국가전문행정연수원으로 발령이 났다. 연수원에는 아직 기독선교회가 없었다. 당시 연수원이 생긴 지 38년이 되었다. 마음이 다급했다. 연수원 선교회를 만들어야 하나, 말아야 하나 고민이 되었다. 여러 가지 고민 끝에 선교회를 창립하기로 했다. 교회를 다니는 직원들이 좀 있었지만 그들은 별로 관심이 없었다. 힘들게 뭐하러 그런 것을 하느냐는 투였다. 그 말도 맞았다. 기도하면서 준비했다.

결국 2002년 4월 국가전문행정연수원선교회 창립예배를 드리게 되었다. 경기도청 선교회 회원들과 수원 직장선교연합회 회원들이 함께 축하를 해주어 하나님께 감사했다. 벌써 17년이 지났다. 선교회가 아직 미약하지만 하나님의 인도하심에 따라 발전하지 않을까 생각한다.

안산시에 근무하던 장상만 형제가 연수원으로 전입을 왔다. 신실한 믿음을 가진 형제자매들을 찾고 있었는데 가능성이 있는 것 같았다. 수원 지역에 처음으로 직장선교대학이 생겼다. 담당 목사님이 훈련간사를 맡아달라고 부탁하셨다. 여러 가지 환경이 어려웠지만 훈련간사를 맡기로 했다. 장상만 형제에게 반강제로 훈련을 받도록 권면했다. 처음엔 그도 고개를 절레절레 흔들었다. 여러 가지 사정으로 훈련을 받지 못하겠다는 것이다. 행자부 선교회원들이 나에게 강권했듯이 나도 장상만 형제에게 강권했다. 그는 가까스로 승낙을 했고 직장선교대학 훈련을 받았다.

훈련을 받고 직장사역에 대한 마인드가 생겼다. 이어서 행자부 본부에 올라와 BTC 훈련과 전도폭발훈련을 받아 탁월한 사역자가 되었다. 나중에 세종로 BBB 지역대표로 사역하는 등 열정적으로 헌신하였다. 지금은 세종시로 내려가 세종시 BBB 지역대표로 활동하고 있다. 신실하신 나의 순원이다.

연수원에 근무할 때 지방자치단체 여성들을 중심으로 3개월 과정의 여성관리자반 교육이 있었다. 연수원 선교회 창립예배 때 전주시, 군산시에서 교육받으러 온 자매 2명이 참여했다. 하나님께서 자매들을 부쳐주셨다. 자매들에게 직장선교의 필요성과 제자사역에 대하여 간단히 소개하고 수원 직장선교대학 훈련을 받도록 권면했다. 며칠 동안 망설이더니 훈련을 받기로 했다. 여성교육도 받고, 직장선교대학 훈련도 받았다. 감사했다. 나의 순원, 제자들이 한 명씩 세워졌다. 이 자매들은 직장으로 복귀하였고 전북 지역에서 주관하는 BTC 훈련을 받고 더 열심히 사역하였다. 다 하나님의 은혜라고 생각한다.

강원도가 고향인 조인묵 형제가 있었다. 제자훈련에 참여하게 하고 싶었다. 하지만 그는 바쁜 부서에 근무하였고 제자훈련에는 별로 관심이 없었다. 내가 순장에게 배웠던 것처럼 끈질기게 권면하였다. 잘 넘어가지 않았다. 1년 동안 메일로 묵상 자료를 보냈다. 가끔 연락하여 차 한잔, 식사를 같이하는 시간을 가졌다. 조금씩 마음의 문이 열리는 것 같았다. 직장선교대학 훈련을 받게 했다. 훈련의 효과가 많이 있었나 보다. 이어서 그의 아내도 직장선교대학 훈련을 받았다. 훈련을 마치고 세종로BBB 모임에 참여하도록 권면했다. 맨투맨을 했고 BTC 1단계 훈련에 참여하도록 했다. 이어서 순원을 양육했고 BTC 3단계 훈련을 받았다. 나중에 나의 후임으로 세종로BBB모임 대표를 맡았다. 그렇게 나의 순원들이 사역자로 견고하게 계속 세워졌다. 하나님께 감사했다.

이렇게 내가 제자훈련을 받고 나면 순원을 양육하여야 한다. 순원이 금방 만들어지는 것이 아니라 많은 시간이 걸린다. 순원을 위해 기도하면서 제자훈련을 받도록 하고, 사역 모임에 참여하도록 권면해야 한다. 훈련을 받은 순원이 또 다른 순원을 양육하여야 한다. 그러면 내가 BTC훈련 3단계를 받을 수 있는 자격이 주어진다. 이러한 과정이 지속적으로 반복되어야 한다. 이러한 과정이 진행될 때 대략 5년 정도 걸린다.

시간과 물질과 마음의 투자로 제자가 세워지다

내가 순원을 양육하고 싶다고 순원이 세워지는 것이 아니다. 순원이 세워지기까지에는 엄청난 정성을 들여야 한다. 예비 순원들은 대부분 직장선교, 제자사역에 관심이 별로 없다. 업무에 매여있고, 성공과 출세에 관심이 많고, 사고를 변화시키는 데 많은 시간이 소요된다. 예비 순원이 어느 정도 영적으로 성숙해질 때까지 많이 기다려야 한다. 답답하다. 내 마음을 몰라주는 것 같다. 기다리는 수밖에.

나도 옛날에 그랬는데 어쩌겠는가? 6개월을 공들여 본다. 1년이 걸릴 때도 있다. 2년이 되어도 요지부동의 예비 순원이 있다. 애간장이 타더라도 어쩔 수 없다. 기도하며 기다릴 수밖에. 기다려 보는 것도 때로는 은혜다. 예비 순원을 만나는 데 시간이 많이 걸린다.

예비 순원을 양육하는 데 많은 물질이 들어가는 때도 있다. 어쩌다 한 번이면 괜찮은데 자주 하는 경우도 있다. 차한 잔하며, 함께 식사할 때도 있다. 예비 순원 한 명이면 괜찮은데 여러 명의 순원을 양육할 때도 있다. 나의 경우 훈련을 받을 때 비행기를 타는 경우가 여러 번 있었다. 상당한 비용이 소요되었다. 비용이 많이 들어도 훈련받는 것이 감사했다. 예비 순원과 함께하면서 교통비 뿐만 아니라 다른 비용이 들어가는 경우도 많이 있다. 훈련을 수료할 때 선물로 사용되는 비용 등 사역으로 소요되는 경비들이 많이 들 때가 있다.

내가 제자훈련을 받고 예비 순원을 빨리 만들고 싶은 때가 있었다. 내가 마음먹은 대로 되는 것이 아니었다. 하나님의 때가 있는 것 같다. 내가 예비 순원을 만날 때까지 기다리면서 순원을 위해서 기도하고 준비해야 한다. 순원을 만나면 그를 위하여 헌신 봉사하여야 한다. 그것이 바로 마음 투자이다.

우리가 시간과 물질을 투자하듯이 마음을 투자하여야 한다. 그가 필요한 것이 무엇인지, 그에게 어떤 애로 사항은 없는지, 그가 원하는 것이 무엇인지 민감하게 살펴보고 필요한 것을 해결해 주면 그가 보다 편한 마음으로 다가오리라 생각한다. 아비와 같이, 유모와 같이 잘 섬기면 마음의 문을 열고 제자훈련을 받을 것이고 사역 모임에 기꺼이 참여하리라 생각한다. 철이 철을 날카롭게 하듯이 우리에게 맡겨진 순원을 잘 양육하여 사역자로 바로 서게 하고 직장 선교에 동참할 수 있는 동역자로 세워야 한다.

06.
사도행전 29장을 함께 쓰는 동역자들

"두 사람이 함께 누우면 따뜻하거니와 한 사람이면 어찌 따뜻하랴 한 사람이면 패하겠거니와 두 사람이면 능히 당하니니 삼 겹 줄은 쉽게 끊어지지 아니하느니라."

– 전 4:11~12 –

행자부 선교회에서 동역했던 사역자들

나는 직장선교대학 훈련과 NLTC 1단계 훈련을 받은 후 우선 행자부 선교회원을 대상으로 훈련을 받도록 권면하였다. 내가 제자훈련을 받았으니까 훈련을 받을 만한 회원들이 웬만큼 있을 줄 알았다. 결론은 전혀 아니었다. 제자훈련에 대한 말을 하면 관심이 거의 없었다. "바쁘고 피곤하니 말을 걸지 말라", "업무 바쁜데 너 뭐 하는 거야" 이런 투였다. 6개월, 1년이 지나니 간신히 한 명 한 명 나오기 시작했다. 그 한 영혼이 천하보다 귀해 보였다.

2002년 수원에 있는 국가전문행정연수원에 근무하면서 연수원으로 전입 온 장상만 형제를 만났다. 제자사역에 대하여 처음에는 별로 관심이 없었으나 꾸준한 이해와 설득으로 수원 직장선교대학 훈련을 받고 행자부 본부에 올라와서 BTC 1단계 훈련을 받은 후 BTC 3단계 훈련을 받았다. 이어서 전도폭발훈련을 받았다. 세종로 BBB모임 지역대표를 역임하였으며, 현재 세종시 BBB모임 지역대표로 활동 중이다.

행자부에 근무하던 조인묵 형제는 향우회에서는 가끔 만나기는 했지만 선교회에서 만나기는 어려웠다. 단지 나의 희망사항이었을 뿐이다. 제자사역에 함께 참여해 보자고 했으나 관심이 별로 없었다. 묵상 자료를 메일로 일주일에 한두 번 정도 꾸준하게 보냈다. 가끔 좋은 자료 보고 있다고 답장이 오기도 했다. 거의 1년이 다 되었다. 혹시 제자훈련을 받을 수 있는지 물어보기도 했다. 어느 정도 때가 무르익은 것 같아 직장선교대학 훈련을 받게 하였다. 훈련의 효과가 있었는지 그의 아내도 훈련을 받았다. 이어서 맨투맨 교제를 3개월 정도 하고 BTC 1, 3단계 훈련을 받았다. 나의 후임으로 세종로BBB 지역대표로 활동했다. 강원도청 기독선교회장을 역임했고 현직 양구 군수로 지역 발전에 헌신하고 있다.

2004년에 나는 행자부 선교회 부회장이었고 조인묵 형제는 총무 일을 보고 있었다. 지방세심사과장으로 계신 이희봉 형제님에게 행자부 선교회장을 맡아달라고 부탁드렸다. 흔쾌히 수락은 하였으나 사역 방향이 서로 달라 갈등을 겪었다. 나는 직장 선교회에서 임원들이 우선 제자훈련을 받으면서 사역을 하는 것이 좋다고 하였으나, 회장님은 제자훈련은 교회에서 많이 하는데 왜 직장 선교회에서 하느냐는 것이었다. 서로 마음이 불편했다. 한 달 정도 서로 말을 안 했던 것 같다. 사도행전에서 바울과 바나바가 의견이 달라 갈등을 겪은 것과 비슷하다. 결국은 직장 선교회에서 제자훈련을 받는 것이 효율적인 사역이라고 정리했다.

이희봉 형제님은 그의 저서 『하나님과 함께 일하는 사람』에서 "특히 이강일 형제는 이후 나의 신앙관을 바꾸고 직장 선교사로 나아가는 데 결정적인 역할을 한 멘토요, 사역의 동지가 되었다"고 고백하고 있다. 또한 선교회 임원들이 강요하다시피 하여 예수전도단 DTS 훈련을 받았는데 "반 타의적으로 임한 이 훈련은 결론부터 말하자면 그때까지 약 30년간 쌓아왔던 내 신앙관과 인생관을 완전히 바꿔놓은 계기가 되었다"고 간증하고 있다.

2011년 나는 F1 국제자동차경주대회 조직위원회에 파견 근무하면서 전남도청이 있는 목포 지역에 1년 정도 살았다. 이희봉 형제님이 전남도청 의회사무처장으로 근무했다. 몇 달 동안 기도하면서 목포BBB 지역모임을 개척했다. 세종로 BBB모임에서 함께 사역하던 영적 1세대 이강일, 2세대 이희봉, 3세대 최동호를 주축으로 한 개척모임이었다. 연고지도 아닌 지역에서 지역 모임 하나를 개척하는 것이 쉬운 일이 아니었다. 전적으로 하나님의 은혜였다.

정부중앙청사, 자치단체 직장 선교회에서 동역했던 사역자들

국방부의 김이수 형제는 국무 조정실에 파견 근무를 하면서 행자부 강필구 형제의 소개로 BBB를 알게 되었다. 2006년 말 제자훈련을 권면하여 2007년 1월부터 맨투맨을 하였다. 한겨울 세찬 바람이 부는 추운 날씨에 자택인 안양에서 청사까지 1시간 이상을 소요하면서 아침 7시에 만나 맨투맨을 하는 것이 쉬운 일이 아니었다. 하지만 열심히 참여하면서 제자사역에 대한 비전을 발견하였고 국방부의 다른 선교회원들에게 도전하여 맨투맨을 하고 제자훈련을 권면하였다. 제자훈련에 대한 지속적인 관심으로 2008년부터 국방부 선교회원 다수인원이 BTC훈련을 받았고 국방부의 제자사역과 직장선교를 위해 뜨거운 열정으로 헌신하고 있다.

국방부의 서범출 형제는 김이수 형제와 함께 국방부 선교회의 핵심 멤버로 활동하고 있으며 국방부의 지체들을 돌보고 있다. BTC 1, 3단계 훈련을 받은 후 현재 세종로 BBB모임 지역대표 역할을 감당하고 있다.

외교부의 한충희 형제는 종교교회에서 직장인 정오예배를 드리면서 알게 되었다. 우리나라를 대표하여 다른 나라에 대사 등 외교관을 파견하듯이 외교부 선교회원들은 직장에서 그리스도의 대사가 되어야 한다고 도전하였다. 그리고 외국의 대사관 등으로 발령되었을 때 현지에서 제자를 양육해야 한다고 동기부여를 하고 BBB모임 참석과 함께 제자훈련을 받을 것을 권면하였다. 외교부의 과장으로 근무하면서 나와 맨투맨을 할 때 겸손하고 순종하는 마음으로 참여하였다. 바쁜 업무 가운데 성실하게 훈련을 받으면서 평상시 온화한 성품으로 그리스도의 본을 보여주는 삶을 살고 있다. 외교부 선교회의 형제자매들을 권면하여 BBB모임에 인도하였고 NLTC 훈련을 받게 하였다.

경기도의 류덕규 형제는 경기도청선교회 총무로 수원 직장선교대학 훈련을 받으면서 훈련간사와 훈련생으로 처음 만났다. 2002년~2003년에 지방에서는 처음으로 수원직선대학 1, 2단계 훈련을 수료하였고 수원직선대학 핵심 간사 역할을 하였다. 사역 활동이 미미한 경기도청 선교회를 활성화하는 데 힘을 썼고, 예배와 친교 중심에 머무르고 있는 경기도선교회를 전도하고 양육하고 제자화하는 선교회로 변화하도록 노력하였고 경기도 내 시·군청 선교회 연합사역을 위하여 헌신하였다.

수원시의 이인수 자매는 경기도청 선교회 총무 류덕규 형제와 함께 수원 직장선교대학 훈련을 받으면서 훈련간사와 훈련생으로 처음 만났다. 2002년~2003년에 지방에서는 처음으로 수원직선대학 1, 2단계 훈련을 수료하였고, 수원직선대학 핵심 간사 역할을 하였다. 2004년 5월에 수원시 장안구청 기독선교회를 창립하였고, 수원시청 직장 내 제자화 사역에 헌신하였다.

전주시의 양영숙 자매는 2002년 국가전문행정연수원에서 운영하는 3개월 합숙 과정의 여성간부양성과정 교육을 받으러 와 연수원 창립예배에 참여하면서 만났다. 서로의 신앙생활에 대하여 나누고, 직장선교대학 훈련을 받을 것을 권면하였다. 사실 3개월의 합숙 교육만 받는 것도 어려운데 제자훈련을 권면받고 많은 고민과 갈등을 하다가 제자훈련을 받기로 하였다. 교육을 받으면서 주말에 귀향하여 아내와 엄마의 역할을 하는 게 어려웠고 교육 과정의 하나로 여러 가지 과제물과 시험 준비 등으로 바쁜데, 직장선교 훈련에 참여하면서 노방전도, 성구 암송 등 과제물을 준비하면서 힘들게 제자훈련을 받았다. 수원직선대학 1단계 훈련을 받았고 지방으로 귀향하여 전주NLTC 훈련을 수료하였으며 전주시청 선교회에서 제자화 사역에 헌신하였다. 전주BBB 모임 사역을 활성화하는 데 큰 역할을 하였다.

　군산시청 전순미 자매는 양영숙 자매와 함께 2002년 국
가전문행정연수원에서 운영하는 3개월 합숙과정의 여성간
부양성과정 교육을 받으러 오면서 연수원에서 만났다. 양영
숙 자매와 같이 제자훈련을 권면 받고 많은 고민과 갈등을
하다가 제자훈련을 받게 되었고, 교육과 제자훈련을 받으면
서 힘들고 어려울 때 서로 위로와 격려를 하면서 훈련을 잘
받을 수 있었다. 수원직선대학 1단계 훈련을 받았고 귀향
후 전주NLTC 훈련을 수료하였으며 군산시청 선교회에서
핵심역할을 담당하였고, 군산BBB모임 개척에 헌신하였다.

07.
나는 오늘도 예수님을 배우는 제자이다

"교육은 운 좋은 사람들에게는 장식이 되고 불운한 사람들에게는 피난처가 된다."

– 데모크리토스 –

제자는 예수님의 성품을 닮아야

그리스도인의 성숙한 삶은 성령을 좇아 행하며 그의 삶 속에서 성령의 열매를 맺으며 사는 것이다. 예수님의 제자는 육체의 소욕을 버리고 성령의 소욕을 좇아 아름다운 성령의 아홉 가지 열매를 맺는 일이다. 우리는 욕심을 버리고 항상 하나님의 성령이 인도하시는 바에 따라 나아가야 한다. 성령의 열매는 바로 제자의 전인적 삶의 표현이며 열매 하나하나가 제자의 삶의 인격을 계발하는 데 절대적인 요소임을 알아야 한다.

"오직 성령의 열매는 사랑과 희락과 화평과 오래 참음과, 자비와 양선과 충성과 온유와 절제니 이 같은 것을 금지할 법이 없느니라."(갈5:22)의 말씀과 같이 제자의 삶을 사는 사람은 항상 성령의 열매가 가득한 삶을 살아야 한다.

제자사역자는 항상 겸손한 마음과 섬기는 마음을 가지고 살아야 한다. 나를 드러내는 것이 아니라 나보다 남을 낫게 여기는 마음을 가지고 살아야 한다. 이 세상의 많은 사람들은 주변의 사람들보다 자신을 드러내기를 원하며 자신이 으뜸의 자리에 앉기를 원한다. 제자를 양육하는 사람들은 항상 순원과 제자들에게 섬기는 마음으로 다가가 제자사역에 동참하고 헌신할 수 있도록 섬겨야 한다.

사도 바울은 「고전」(11:1)에서 "내가 그리스도를 본받는 자가 된 것 같이 너희는 나를 본받는 자가 되라"고 자신 있게 말하고 있다. 제자사역자는 주위에 있는 모든 지체들에게 사랑하는 마음을 품고 그들을 사랑해야 한다. 고전 13장의 말씀과 같이 사랑은 오래 참고, 온유하고, 시기하지 아니하고, 자랑하지 아니하고, 교만하지 아니한 것이라 했다. 사랑은 무례히 행하지 않고, 자기의 유익을 구하지 아니하고, 성내지 아니하고, 악한 것을 생각하지 아니하고, 불의를 기뻐하지 아니하고, 진리와 함께하는 것이라고 했다. 제자사역자들이 이런 마음을 품고 제자들에게 다가갈 때 탁월한 사역자로 발전할 수 있다.

예수님의 리더십을 본받는 제자사역자

예수님의 리더십은 영적인 리더십이다. 헨리 블랙커비는 『영적 리더십』저서에서 영적 리더십은 사람들을 움직여 현재의 자리에서 하나님이 원하시는 자리로 가게 하여야 한다고 주장한다. 영적 리더는 성령께 의존한다. 영적인 리더는 하나님께 책임을 진다. 영적 리더는 하나님의 사람들 뿐만 아니라 불신자에게도 영향을 미친다. 예수님이 제시하신 리더십의 열쇠는 리더가 자기 조직의 비전을 만들고 방향을 정하는 것이 아니라 아버지가 계시하신 모든 뜻을 잘 간직하고 순종하는 것이다. 우리는 사역을 할 때 항상 성령을 의지하고 하나님의 뜻을 먼저 구하여야 한다.

영적인 리더는 하나님을 위해 자신의 꿈을 만들어내는 것이 아니라 하나님의 계시를 이해하는 데 있어 선봉이 되는 것이다. 리더의 성공의 결정적 척도는 사람들을 움직여 현재의 자리에서 하나님이 원하시는 자리로 가게 했느냐는 것이다. 우리는 믿는 사람들뿐만 아니라 믿지 않는 사람들에게도 영향력을 발휘할 수 있어야 한다.

우리 시대에 위대한 영적 리더가 많지 않은 것은 대가를 지불할 사람들이 많지 않기 때문이다. 리더는 항상 사역을 위해 기도해야 한다. 리더는 열심히 일해야 하고 의사소통에 능해야 한다. 리더는 주위의 사람들을 잘 섬겨야 하고 항상 긍정적인 사고를 가지고 사역하여야 한다.

리더는 해야 할 사역이 많으므로 항상 시간관리를 효율적으로 하여야 한다. 먼저 하나님의 뜻을 구하고 불필요한 경우에는 과감하게 거절도 할 줄도 알아야 한다. 사역에 집중하여야 하고 자신의 시간관리를 효율적으로 하기 위해 위임이 가능한 사역은 다른 지체들에게 위임하기도 해야 한다. 그렇게 함으로서 자신의 사역에 집중하여 일을 처리할 수 있다.

헨리 블랙커비 목사는 영적 리더들이 실패할 수 있는 10가지 함정에 빠지지 않도록 권면하고 있다. 리더는 이러한 함정에 빠지지 않도록 스스로 자기관리를 철저히 하여야 한다. 10대 함정은 교만, 성적인 죄, 냉소, 탐욕, 정신적 나태, 과민성, 영적 무기력, 가정 소홀, 행정 부주의, 장기 집권이다. 우리는 이러한 유혹에 넘어가지 않도록 주의해야 한다.

성경의 진리를 가르치는 제자사역자

제자사역자는 먼저 성경의 진리를 깨달아야 한다. 제자사역자는 제자를 잘 양육하기 위하여 풍부한 성경 지식을 가지고 항상 연구하는 마음으로 살아야 한다. 네비게이토 선교회 사역자 프랜시스 코스그로브는『제자의 삶』에서 성경의 중요성을 강조하고 있다.

왜 하나님은 우리에게 성경을 주셨는가? 성경은 하나님께서 인간에게 자신을 계시하신 수단이며 성경에는 우리가 믿음과 실생활을 위해 알아야 할 모든 내용이 들어있기 때문이다. 성경은 이 세상에서의 생활 및 영원한 생명에 관하여 인간에게 주신 하나님의 최종적인 말씀이다.

성경은 우리에게 구원의 하나님을 보여준다. 우리는 하나님의 말씀을 통하여 우리를 죄에서 구원할 구세주의 필요성을 깨닫게 된다. 성령께서는 성경을 사용하여 사람들의 필요를 보게 하신다. 이 진리의 말씀을 통해 우리는 거듭나게 된다. 성경은 우리를 죄로부터 깨끗하게 해준다. 성경은 우리가 영적으로 성장할 수 있도록 해준다. 성경은 우리의 삶을 인도하고 지도해 준다. 성경은 우리가 전도할 때 능력을 주신다. 성경은 우리가 제자의 삶을 살도록 도와준다.

우리는 성경을 알아가기 위해 듣기, 읽기, 성경공부, 암송, 묵상을 하여야 한다. 주 예수 그리스도의 제자가 되기를 원하는 사람은 하나님의 말씀을 정규적으로 섭취하는 모든 방법(듣기, 읽기, 성경공부, 암송 및 묵상)에 전적으로 자신을 들여야 한다.

08.
내 인생을 바꾼 10권의 책

"우린 모두 목숨을 버릴 각오로 독서하고 공부하자. 조상을 위해, 부모를 위해, 후손을 위해 여기서 일하다가 같이 죽자."

– 세종대왕 –

신앙서적을 통해 믿음이 성장하다

나는 우연한 기회에 내과 의사인 원종수 권사의 『너는 내 것이라』라는 책을 읽게 되었다. 내가 별로 믿음이 없을 때인데 의사의 믿음이 어떻게 저렇게 좋을까 의아심이 생겼다. 보통 의사들이 돈을 잘 벌고 세상적으로 잘 놀 것 같았는데 원종수 권사는 보통 의사와 많이 다른 의사였다. 의사도 신앙생활을 열심히 하는데 나도 원종수 의사와 같이 열심히 해볼까 하는 생각이 들었다.

2000년 당시 나는 NLTC(새생명훈련) 1단계 훈련을 받기 전에 강필구 순장과 월터 헨릭슨의 저서 『훈련으로 되는 제자』로 맨투맨을 하였다. 맨투맨을 처음 할 때는 좋은 책인 줄 잘 알지 못했다. 그러나 책을 반복해서 읽어보니 책이 두

껍지는 않았지만 내용이 충실하고 좋았다. 가히 제자훈련의 바이블이라고 할 수 있다. 내가 제자훈련을 받고 다시 순원들을 세워 맨투맨을 하게 되었다. 10명 이상의 순원과 같은 교재로 맨투맨을 하였다. 아마 30번 이상을 읽어본 것 같다. 일반 서적을 30번 정도 보면 많이 지루해서 보지도 않을 텐데 30번 읽어도 지루하지 않고 볼 때마다 더 새로웠다. 하나님께서 쓰시는 사람, 제자가 치러야 할 대가, 전도와 제자, 제자를 훈련시키는 방법 등의 내용은 순원을 사역자로 세우는 데 참고할 수 있는 최고의 책이었다.

고(故) 옥한흠 목사의 『다시 쓰는 평신도를 깨운다』는 제자훈련을 받고 세종로BBB모임에 참석하고 있을 때 순원을 양육하면서 어떻게 하면 평신도 사역을 더 잘 해볼 수 있을까 하는 생각에서 여러 번 읽어보았다. 일생 동안 평신도 사역에 관심을 가지고 사역하신 고 옥한흠 목사의 열정이 놀라웠다. 우리나라 교회의 문제점을 지적하고, 제자도 이론의 정립, 제자훈련의 원리와 실제 내용 등을 체계적으로 정리한 책이다. 평신도 사역의 필요성과 이론을 체계화한 훌륭한 책이라고 생각한다.

데이빗 왓슨의 저서 『제자도』는 제자사역에 대한 고전이며 바이블이다. 나는 주님의 제자로서 어떤 제자가 될 것인지 명확히 설명해 주는 책이다. 제자 공동체로 부르신 제자,

제자를 양육하는 방법, 대가를 지불하는 제자 등에 대해서 자세하게 기록하고 있다. 나는 제자사역에서 어떤 모습으로 사역해야 하는지 방법론을 알려주었다. 제자사역을 하는 사람들에게 필독서라고 할 수 있다.

내가 2006년 당시 세종로BBB 지역대표를 맡으면서 어떻게 해야 세종로 모임 순장들을 잘 섬길 수 있는지, 세종로 BBB모임을 어떻게 부흥시켜야 할지 많이 고민하게 되었다. 기독교 서점에 들러 리더십에 대한 좋은 책을 구입하여 읽고 싶었다. 평상시 익숙한 헨리 블랙커비 목사의『영적 리더십』책을 보게 되었다. 우리가 평상시 익혀야 할 영적 리더십에 대한 좋은 자료였다. 리더의 도전과 역할, 리더의 비전과 성품, 리더의 목표와 방향 등 리더에게 필요한 문제에 대한 대답을 제시하고 있다.

2004년 예수전도단에서 주관하는 6개월 과정의 영성훈련 DTS(예수제자훈련학교)훈련을 받았다. 신앙생활은 하였지만 영성은 깊지 않은 것으로 생각했다. 강사로 활동하는 김순호 선교사의『성숙한 그리스도인의 영적 기초』를 읽어보았다. 그리스도인의 영적 수준에 따라 어떻게 신앙생활을 해야 하는지 방향을 제시하는 책이었다. 영성 개발에 도움이 되는 좋은 책이었다.

내 삶의 내면을 성숙시킨 책들

내 삶이 50대에 접어들어 한번 읽어보고 싶은 책이 있었다. 철학박사 겸 의학박사 빅터 프랭클이 지은 『빅터 프랭클의 죽음의 수용소에서』였다. 나치의 강제수용소에서 겪은 죽음 속에서 자아를 성찰하고 인간 존엄성의 위대함을 기록한 책이다. 인간문제의 가장 심오한 의미에 초점을 둔 한 사람의 극적인 경험담이라 할 수 있다.

김형석 교수의 에세이집 『영원과 사랑의 대화』를 퇴직 후에 읽어보았다. 인생의 의미를 관조할 수 있는 좋은 책이었다. 생활의 좌표, 행복의 조건, 사랑의 의미, 어느 우인들의 이야기 등의 주제에 대하여 담백하게 정리한 에세이가 잔잔한 여운과 감동을 준다. 인생에서 만났던 사람들과의 인연을 통하여 우리의 모습이 좀 더 성숙해지지 않나 하는 생각이 든다. 좀 더 젊었을 때에 읽었으면 좋았지 않았나 하는 생각이 들었다.

구본형 작가의 『익숙한 것과의 결별』도 읽어보았다. 책 안에 아들 녀석이 군 생활했을 때의 흔적이 있다. 보안 검토필, ○○○○부대, 2008년 9월. 아들 녀석이 나보다 더 성숙했나 보다. 외국인 기업에서 근무하다 자신이 하고 싶은 일을 찾기 위하여 퇴직을 하고 새로운 일을 찾아 나서는 그의 용기가 대단하다. 익숙한 것을 버리고 새로운 삶에 도전해 보는 것도 의미가 있는 것 같다.

  공직생활을 마무리할 즈음에 세계적인 자기개발 전문가 앤서니 라빈스의 『네 안에 잠든 거인을 깨워라』를 읽었다. 어렸을 때 빌딩 청소를 하던 어떤 청년이 자기 개발을 실천하여 세계에서 가장 뛰어난 인물 10인(1997, 국제상공회의소) 중 1명이 쓴 저서이다. 자기 몸 안에 있는 잠재 능력을 개발하여 성공하라고 우리에게 결단을 촉구하는 자기개발 도서로 손색이 없다.

좌충우돌
제자훈련 노트

- 한 직장에 한 제자를 세워라 -

나에게 복음은 땅끝이었다. 나는 어렸을 때부터 청년 시절에 이르기까지 하나님을 모르고 살았다. 하나님의 복음을 거절한 것이 아니라 나에게 복음을 전해준 사람이 없었다. 내 주변에 주님을 믿는 사람이 수없이 많이 있었을 텐데 나에게 전도를 한 사람은 하나도 없었다. 언더우드, 알렌 같은 선교사들은 4~5개월 미국에서 배를 타고 우상에 찌든 땅 조선에 왔다. 5~6개월 지나면 복음을 들은 사람이 분명 있었을 것이다. 하지만 나에게 복음이 들어오는 데는 30년이 걸렸다.

어릴 적에 교회에서 강냉이 빵과 덩어리 우유를 구호 물품으로 받아 먹었는데 목사님이나 사모님, 다른 교인들 중에서 교회에 나오라는 말을 한 사람이 없었다. 그 당시 누가 교회로 나오라고 했으면 구호물품을 더 많이 얻어먹으려고 교회에 나왔을 텐데 그런 말을 해주는 사람이 없었다. 그때 나는 복음보다 빵이 먼저였다.

7급 공무원 시험에 합격하여 원주시청 세무과에 처음 발령을 받았다. 같은 과에 근무하던 여직원이 자기 친구를 소개해 준다고 하였다. 몇 번 만났다. 괜찮았다. 어느 날 그 여직원이 교회에 나가면 좋겠다는 말을 했다. 교회에 나가라는 말을 처음 들었다. 체계적인 복음도 아니고 교회에 나가면 좋다는 일반적인 말조차도 말이다.

3년 동안 여직원이 소개해 준 자매와 교제하면서 결혼을 하였다. 정작 교회에 나가도록 코가 꿰인 사람은 내가 아니라 고등학교 때 불심회 활동을 열심히 하던 아내였다. 교회에 다닌다고 친정집에서 난리가 났다. 집에도 오지 말라고 강경했던 집안이었는데 우리의 기도로 지금은 교회에 다니신다.

나는 신혼 초에 억지로 교회에 끌려다니던 구제불능의 껍데기 신자였다. 주일에는 여러 가지 핑계를 대면서 교회 나가기를 싫어했다. 억지로 나갔는데 자주 끌려다니다 보니 좋은 사람도 만나게 되었고, 목사님의 설교도 여러 번 들어보니 괜찮은 것 같았다. 사람이 살면서 올바르게 살아야 한다는 말씀은 마치 공자 님의 말씀과도 같았다.

강원도청을 거쳐 내무부(지금의 행정안전부)로 올라왔다. 행자부 선교회 임원들이 제자훈련을 받아보라고 권면했다. 사무실도 바쁘고 지방 출장도 잦아 훈련을 받을 수가 없다고 상황 설명을 했다. 몇 년 동안 집요하게 훈련을 받아보라고 권면하였다. 교회에서 성가대 활동, 구역모임에 잘 참여하고 신앙생활 웬만큼 하고 있는데 마음이 불편하기도 했다. 하지만 끈질긴 설득에 결국 훈련 한번 받아줘야겠다는 생각이 들었다. 1999년 상반기 훈련을 한번 받기로 했다. 직장 환경은 여전히 바빴다.

1999년 3월 직장선교대학 제자훈련은 크게 기대하지 않았으나 기대 이상으로 좋았다. 직장선교의 비전, 직장전도의 필요성 등 교회에서 가르쳐주지 않은 것을 많이 배웠다. 충격적이었다. 15년 이상 신앙생활을 했었지만 나의 신앙생활이 부끄러웠다.

제자의 삶을 살기로 했다. 직장인성경공부모임(BBB)에 참여하게 되었다. NLTC 제자훈련을 또 받았다. 나이가 젊은 신앙의 고수들이 많았다. 제자가 된 것 같았다. 초짜 예비순장일 뿐이었다. 제자사역의 시작일 뿐이었다.

전도가 하고 싶었다. 전도가 잘될 것 같았다. 현장으로 나갔다. 경복궁, 덕수궁, 서울역, 용산역, 삼성병원, 동료 직원이 있는 곳 등 전도의 현장을 다녀봤다. 복음을 잘 들어줄 것 같거나 들어주는 사람도 있었다. 들어주는 것이 감사했다. 하지만 또 많은 사람이 거절했다. 왜 바쁜 사람 붙잡고 이러느냐는 투였다. 이런 일을 하는 우리가 불쌍해 보인다고 하는 것 같았다. 정작 우리는 복음을 거절하고 보류하는 그들이 불쌍했는데.

어느 병원에 가서 모르는 환자에게 복음을 전했는데, 옆의 병상에 있는 환자가 자기에게도 복음을 전해달라고 부탁했다. 당연히 전했다. 고맙다고 우루사와 영양제까지 주었다. 감사했다. 이런 것이 복음 전하는 기쁨 아니겠는가? 나도 할 수 있다. 당신도 할 수 있다. 충분히 할 수 있다. 이런 제자사역의 기쁨을 함께 누렸으면 좋겠다. 마지막 때 하나님 앞으로 가서 이런 일을 하나님께 간증하면 얼마나 기뻐하실까? 기대가 된다. 당신의 간증이 기대가 된다.

2000년 12월 NLTC 훈련을 마치고 순원을 양육하고 싶었다. 어려울 것 같지 않았다. 평상시 선교회 활동을 같이 하여 말을 잘 들어줄 것 같았다. 하지만 전혀 아니었다. 대부분이 바빠서 못 한다고 했다. 집에 일이 있어서, 지금 자격시험 공부를 하고 있어서, 이유도 많고 사연도 많았다. 이전의 나처럼.

하나님의 때를 기다렸다. 하나님의 방법으로 이루어지길 기도했다. 행자부의 핵심 순장을 만났다. 수원의 국가전문행정연수원에서 장상만 형제를 만났다. 행자부에서 조인묵 형제를 만났다. 행자부 선교회 회장인 이희봉 형제를 만났다. 행자부 선교회의 거물들이었다. 모두 세종로BBB 모임의 핵심 순장 역할을 하였다.

국방부의 김이수 형제를 만났다. 국방부의 1호 순장이었는데 지금 국방부의 순장이 10여 명 사역하고 있다. 외교부의 한충희 형제를 만났다. BTC 훈련을 받고 외교부 선교회 회원 여러 명을 훈련에 참여하게 했다. 정보통신위원회의 정종기 형제를 만났다. 정보통신위 선교회장을 맡았고 현재 한국전파진흥협회 부회장으로 협회선교회를 창립하여 선교활동을 열심히 하고 있다.

4장

훈련 :
이강일 목사의 제자훈련 8단계

- 사도 바울의 가르침을 본받아 -

■ 신앙의 기초 확립

01.
구원의 확신과 그리스도의 주재권

"내가 여호와를 항상 내 앞에 모심이여 그가 나의 오른쪽에 계시므로 내가 흔들리지 아니하리로다. 이러므로 나의 마음이 기쁘고 나의 영도 즐거워하며 내 육체도 안전히 살리니."

– 시16:8~9 –

모든 그리스도인들이 구원의 확신을 갖도록

우리는 교회에 다니는 사람을 '교인'이라고 부른다. 그런데 교회에 다닌다고 무조건 구원을 받았다고 할 수 있을까? 그렇지 않다. 예수를 믿는 신자가 되어야 구원을 받는다. 우리는 영원한 생명인 구원이 확실한 성도의 삶을 살아야 한다. 그러나 우리가 그리스도인들의 신앙을 점검해 보면 구원의 확신이 없는 성도들이 의외로 많이 있다.

우리는 왜 구원을 받아야 하나?

이 세상을 살아가는 사람 중에 죄 없는 사람은 하나도 없다. 죄 없는 사람이 없기 때문에 사람은 구원을 받아야 한다. 죄란 하나님의 뜻에 순종하지 않는 것이다. 죄의 값은 사망이다. 우리가 죽으면 반드시 하나님의 심판대 앞에 서게 된다. 이 세상에 의인은 하나도 없고 모든 사람이 죄를 범하였다고 말씀하신다. 우리는 자신이 지은 모든 죄에 대하여 심판을 받는다. 우리는 죄 문제를 해결해야 한다.

구원을 받기 위해서 어떻게 해야 하는가?

우리는 선행이나 노력. 어떤 공덕으로 구원을 받는 것이 아니다. 우리가 구원받기 위해서는 회개와 믿음만 있을 뿐이다. 자신이 지은 모든 죄를 회개하여야 한다. 「요한1서」(1:9)에 의하면 우리 죄를 자백하면 죄를 사하시며 모든 불의에서 우리를 깨끗하게 하신다고 했다.

예수님은 「요」(14:6)에서 "예수께서 가라사대 내가 곧 길이요 진리요 생명이니 나로 말미암지 않고는 아버지께로 올 자가 없느니라."고 말씀하셨다. 예수님은 우리를 구원하기 위해 이 땅에 오셨고 우리 죄를 용서하시기 위해 십자가에서 대신 죽으셨다. 우리는 예수 그리스도를 믿고 마음속에 생명의 구원주로 영접해야 한다. 예수님을 영접할 때 하나님의 자녀가 되고 영원한 생명을 소유하게 된다. 「요」(5:24)에서 보는 바와 같이 믿는 자는 영생을 얻었고 심판에 이르지 아니하나니 사망에서 생명으로 옮겼다고 말씀하신다.

믿음은 예수 그리스도를 하나님의 아들이요 나의 구주로

영접하는 것을 말한다. 우리가 믿음으로 예수님을 영접하면 우리는 하나님의 자녀가 되고 죄 사함을 받고 의롭다 함을 받는다. 하나님의 평안과 충만한 복을 누리게 된다. 우리는 항상 믿음으로 구원받은 확신 속에 살아야 한다.

목회자들이나 선교회 임원 등 제자사역자들은 스스로 구원에 대한 확신을 가지고 살아야 한다. 교회의 목회자나 직장 선교단체 임원들은 교회 성도나 선교단체 회원들에게 구원의 확신이 있는지 세밀하게 점검해 보아야 한다. 구원의 확신이 없는 성도는 사역자로 세워질 수 없다. 구원의 확신을 견고하게 가질 수 있도록 신앙교육을 철저히 시켜야 한다.

그리스도의 주재권을 인정하는 제자가 되어야

프랜시스 코스그로브는 『제자의 삶』에서 "그리스도의 주재권은 주님의 절대적 지배권을 인정하면서 전 자아가 예수 그리스도의 권위와 지도에 매일 복종하고 굴복하는 것을 의미한다."고 정의하고 있다. 자신은 자기 왕좌에서 내려놓고 그 자리에 우리 주님을 모시는 삶을 말한다.

왜 우리는 주님을 우리의 삶의 주인으로 모셔야 하는가?

예수님은 참 인간이시며 참 하나님이시기 때문이다. 예수 그리스도는 온 우주와 각 사람의 주인이 되신다. 예수님은 노예였던 우리를 피로 사신 바 되셨다. 하나님께서 예수님을 주님으로 높이셨다. 예수님은 제자들에게 먼저 그의 나라와 그의 의를 구하라고 말씀하셨다.

어떻게 우리는 주님을 우리의 삶의 주인으로 모실 수 있는가? 우리는 마음속으로 깊이 결심하여 그리스도를 주님으로 인정해야 한다. 사도 바울은 「빌」(3:7~8)에서 "무엇이든지 내게 유익하던 것을 내가 그리스도를 위하여 다 해로 여길 뿐더러 또한 모든 것을 해로 여김은 내 주 그리스도 예수를 아는 지식이 가장 고상하기 때문이라 내가 그를 위하여 모든 것을 잃어버리고 배설물로 여김은 그리스도를 얻기 위함"이라고 간증하고 있다.

우리는 어떤 일을 할 때 「롬」(12:1~2)의 말씀과 같이 '하나님의 선하시고, 기뻐하시고 온전하신 뜻이 무엇인지를 분별'하여야 한다. 우리는 항상 예수님을 바라보면서 위에 것을 찾으며 살아야 한다.

우리는 삶의 모든 영역에서 주님의 주재권을 인정해야 한다. 직업, 재물, 시간, 결혼, 가족관계, 친구, 교육, 명예, 자아 등 모든 분야에서 주님께 내어놓고 주님의 뜻에 따라야 한다.

주님의 주재권은 어떻게 점검할 수 있나? 우리는 삶의 우선순위에 주님을 먼저 올려드릴 수 있는지 점검해 볼 수 있다. 우리 몸은 하나님의 성전이다. 나의 몸을 주님께 먼저 바칠 수 있는지 자문해 보자. 우리에게 주신 모든 것의 주인은 주님이시다. 내가 관리하고 있는 소유물을 주님에게 기꺼이 드릴 수 있는지 점검해 보아야 한다.

목회자나 선교회 임원들은 제자나 순원들이 직장, 가정 및 학교생활, 대인관계 가운데 그들이 가지고 있는 소유물들을 주님께 기꺼이 드릴 수 있는지 점검해 보아야 한다. 제자사역자들은 이 모든 분야에서 주님의 주재권이 올바르게 되어 있는지 점검해 보아야 한다.

우리의 삶 가운데 주님의 주재권이 인정되지 않는다면 제자사역자가 될 수 없다. 목회자나 선교회의 임원 등 제자사역자가 제자를 양육할 때 주님의 주재권을 먼저 인정하는 삶을 살도록 양육하고 또한 주님의 주재권을 인정하는 제자를 우선적으로 선발하여 사역자로 양육하여야 한다.

02.
선교단체의 사역에 참여

"나의 사명을 발견하게 되면 그 강한 끌림을 느낄 수 있다. 그 일에 대한 열정으로 가득 차서 당장 시작하고 싶은 마음이 솟구친다."

– 클레멘트 스톤 –

제자 삼으라는 주님의 명령

주님은 우리에게 지상명령을 주셨다.

"그러므로 너희는 가서 모든 민족을 제자로 삼아 아버지와 아들과 성령의 이름으로 세례를 베풀고 내가 너희에게 분부한 모든 것을 가르쳐 지키게 하라 볼지어다 내가 세상 끝날 때까지 너희와 항상 함께 있으리라 하시니라"

(마28:19~20)

교회에 다닌다고 다 그리스도인은 아니다. 신학을 공부하였다고 다 그리스도인이 되는 것도 아니다. 그리스도의 영으로 거듭난 사람, 그래서 그리스도를 인생의 주인으로 삼고 그분의 삶의 자취를 따라가며 대가 지불을 결단할 수 있는 사람이 바로 그리스도인이며 그리스도의 제자이다.

오늘날 자칭 그리스도인이라 하는 사람은 많다. 그러나 그리스도의 제자는 찾아보기 힘들다. 그 이유는 아마 다른 사람을 제자로 삼으려는 그리스도인이 부족하기 때문이다. 제자로서의 대가를 지불하는 것이 엄청난 부담이 되고 있다.

우리가 너무 바빠서 세상에서 가장 중요한 이 일을 못 하고 있는가?

혹은 이 일에 필요한 대가를 치르기를 두려워하고 있는가?

그렇지 않으면 다만 제자 삼는 일 자체를 충분히 이해하지 못하고 있는가?

'제자 삼으라.'는 말씀은 주님이 주신 지상명령이다.(마 28:19-20) 우리는 이 명령을 무시할 수 있을는지 모르지만 회피할 수는 없다. 오늘날 많은 교회들은 그 활동이 열정적이건 미지근하건 간에 성도들의 영적인 필요를 채워주지 못하고 실망과 좌절을 안겨주고 있다. 교육을 위한 많은 프로그램들은 교육적이라기보다 사교적인 프로그램으로 변질되어 가고 있는 실정이다.

C.S 루이스는 "영원하지 못한 것은 언제나 시대에 뒤떨어진 것"이라고 했다. 도시화가 더욱 가속화되고 있는 이때 주님께서는 직장에 속한 그리스도인들에게 이 시대의 요청인

직장 복음화를 통한 세계복음화를 기대하고 계신다. 제자는 태어나는 것이 아니라 훈련으로 만들어진다. 지금 이 순간에도 주님은 '주님 내가 여기 있나이다. 나를 보내소서' 하고 응답할 그 한 사람을 찾고 계신다.

누가 그 부르심에 응답할 수 있는가? 미국의 네비게이토 선교회 사역자 월터 헨릭슨은 그의 명저 『훈련으로 되는 제자』에서 제자훈련의 사역 방향을 제시하고 있다. 또한 훈련자와 훈련 대상자의 태도와 자세는 어떠해야 하는지 설명하고 있다. 현재 네비게이토 선교회 등 많은 사역단체에서 월터 헨릭슨의 제자훈련에 대한 방법 등을 활용하고 있으며, 평신도들에게 지속적으로 이를 전수하고 있다.

우리 모든 그리스도인들은 주님이 주신 지상명령에 적극적으로 동참하여야 한다. 주님은 "너희는 가서 모든 민족을 제자로 삼으라."고 하셨다. 예배의 강단에서 이 말씀은 수없이 많이 선포되었다. 우리는 얼마만큼 실행했는지 자문해 보아야 한다. 성도들은 물론 목회자, 전도사들도 스스로 답해야 한다. 신학교수들도 이 말씀에 답해야 한다. 제자 삼으라는 말씀에 목회자, 신학 교수는 제외된다는 말씀은 성경 어디에도 없다. 목회자, 신학 교수가 솔선수범해야 한다. 자신 있게 답하지 못하면 스스로 행하여야 한다. 목회자는 성도를, 신학교 교수는 신학생을, 선교회 임원은 회원을 대상으로 우선적으로 가르치면서 제자 삼아야 한다. 복음이 필요한 곳에, 모든 민족을 제자로 삼기 위해 가야 한다.

제자사역에 헌신하는 사역단체

우리나라에는 직장선교와 제자사역을 위하여 헌신하며 충성된 제자를 세우고 양육하는 선교사역 단체들이 많이 있다. 행자부기독선교회와 정부서울청사직장선교연합회에서 적극적으로 참여하는 선교단체를 중심으로 소개하고자 한다. 이 선교단체에는 직장인성경공부모임(BBB), 한국기독교 직장선교연합회, 국제전도폭발한국본부, 한국예수전도단 등이 있으며, 사역 및 훈련 내용은 사역단체 홈페이지 등을 통하여 자세히 안내받을 수 있다.

(1) 직장인성경공부모임 (Business Bible Belt, BBB)

직장인성경공부모임은 직장선교를 통한 주님의 지상명령 성취에 기여하고, 재생산하는 직장인선교사를 양성하고, 사랑과 섬김을 통한 성경적 직장문화를 창조하고, 민족과 세계의 복음화에 참여함을 비전으로 삼고 있다. 전국적으로 100여 개 모임에서 활동하고 있다.

직장인 그리스도인들은 매주 월요일(또는 화요일) 저녁 7시에서 9시 30분까지 찬양과 간증, 메시지, 그리고 적용 중심

의 소그룹 성경공부모임을 갖고 있다. 또한 새생명훈련원
(BTC) 훈련, 직장선교 아카데미, 일대일 제자훈련, 직장선교
대회, 리더십 세미나, 성령 컨퍼런스, 해외 단기선교 등의
활동을 하고 있다.

(2) 한국기독교직장선교연합회

한국기독교직장선교연합회는 직장으로 부름받은 성도들
이 성경적인 확고한 직업관을 가지고 저마다 일터에서 먼저
주님의 나라와 그의 의를 구하며, 모든 일을 주께 하듯 성실
히 행함으로 일상적인 일을 통하여 주님을 섬기고 직장생활
의 삶을 통하여 그리스도의 복음을 전하는 생활 신앙운동을
하는 선교공동체이다. 연합회의 직장선교 3대 기본 목표는
다음과 같다.

가) 직장선교의 활성화를 통한 민족 복음화와 세계선교
나) 직장인의 복음 생활화를 통한 기독교 사회문화 창조
다) 초교파 평신도 연합운동을 통한 교회 일치

(3) 국제전도폭발한국본부

전도폭발복음 전도 방법은 1960년 미국의 애틀란타에서
케네디 목사가 개발한 전도방법이다. 국제전도폭발한국본

부 사역은 초교파적, 국제적인 기독교 사역으로 친교, 전도, 제자훈련, 건강한 교회 성장이란 사명 아래 성장하여 세계의 수많은 성도들이 훈련을 받고 있다. 수천의 교회들로 하여금 '주님의 지상명령을 교회 제일의 관심사'가 되도록 돕고 있는 사역이다. 국제전도폭발한국본부에서는 한국 상황에 맞는 복음 제시·개발, 어린이, 청소년, 대학생 전도폭발 훈련, 지역별 임상훈련 다양화, 국내 농어촌 및 해외 사역 확대에 두고 있다.

(4) 한국예수전도단 (Youth With A Mission, Korea)

한국예수전도단은 예수 그리스도께 헌신된 모든 세대들을 일으켜 온 열방에 복음을 효과적으로 전할 수 있도록 훈련시키며, 파송하는 것을 목적으로 하는 국제적이며 초교파적인 선교단체이다.

예수전도단은 한 평범한 젊은이 로렌 커닝햄이 자신을 하나님께 헌신하기로 결정했을 때 하나님께서는 그에게 큰 파도와 같은 물결이 전 세계의 대륙을 덮은 환상을 보여주셨던 데서 시작한다. 그것을 통해 예수 그리스도를 믿는 수많은 젊은이들이 일어나서 전 세계의 각 나라로 복음을 들고 들어가게 될 것이라는 비전을 가지고 있다.

03.
영적 성장을 위한 베이직 라이프

"오직 튼튼한 가죽과 상냥한 마음을 위해 기도하라."

– 루스 그레이엄 –

제자는 그리스도를 향한 분명한 결심을 가지고 주님을 따르는 삶을 살아야 한다. 모든 사람에게 본을 보여주는 사람이 되어야 하며 재생산하는 삶을 살아야 한다. 또한 우상숭배로부터 돌아서서 참되신 하나님께 나와 재림을 기다리며 모든 사람을 섬기는 삶을 살아야 한다. 그리스도인으로서 일상생활 가운데 하나님과 사람들과의 올바른 관계를 형성하기 위해 말씀, 기도, 교제, 증거의 삶을 매일매일 행하며 삶 가운데 순종하는 마음으로 살아야 한다.

하나님과의 교제, 말씀과 기도

(1) 말씀

신앙생활의 가장 기초가 되는 것은 말씀이다. 하나님께서 성경의 말씀을 통하여 말씀하실 때, 우리는 하나님을 더욱 친밀히 알아가게 되고, 개인의 삶과 사역에 대한 하나님의 원리들을 발견하게 된다.

"그리스도의 말씀이 너희 속에 풍성히 거하여 모든 지혜로 피차 가르치며 권면하고, 시와 찬미와 신령한 노래를 부르며 마음에 감사함으로 하나님을 찬양하고"(골3:16)

성경 말씀을 익히는 것은 우리의 영적 성장과 발전을 위해서는 필수적이다. 성경을 열고 그것을 통해 하나님이 우리 마음에 말씀해 주시는 축복들을 맛보기 시작할 때 우리는 영적인 힘과 영양을 얻게 된다. 또한 그리스도인으로 성장할수록 말씀을 더욱 이해하고 사랑하게 된다.

우리는 말씀을 통해 하나님의 가족임을 확신하게 되고, 말씀 안에서 성장하게 되고 거룩한 생활을 하게 된다. 우리는 말씀을 통하여 승리하는 삶을 살 수 있고, 평안한 삶을 살 수 있다.

말씀을 섭취하는 방법에는 5가지 방법이 있다. '듣기, 읽기, 공부, 암송, 묵상'을 통하여 하나님의 말씀이 우리 속에 풍성히 거하게 할 수 있다.

(2) 기도

기도는 그리스도인의 생활에서 하나님과의 교제에 균형

을 이루도록 해주는 역할을 하고 있다. 하나님께서는 성경 말씀을 통하여 우리에게 자신의 뜻을 나타내 주시고, 우리는 기도를 통하여 우리의 마음을 하나님께 아뢴다.

기도하는 것은 하나님의 명령이고, 때를 따라 돕는 은혜를 얻기 위해, 시험에 들지 않기 위해 기도해야 한다. 우리는 기도를 통하여 마음의 평강과 기쁨을 얻을 수 있고, 하나님의 크신 능력을 체험하기 위해 기도해야 한다. 우리는 기도를 통하여 거룩하고 순결한 삶을 살아갈 수 있다.

우리는 기도할 때 의심하지 말고 오직 믿음으로, 두 마음을 품지 않고 기도해야 한다. 기도할 때 예수님의 이름으로 기도하고 하나님의 뜻대로 기도해야 한다. 기도는 하나님과 대화하는 것으로 그리스도인의 삶에 중요한 영향을 주는 것이기 때문에 사탄은 우리의 기도생활을 적극적으로 방해하려고 모든 수단과 방법을 다 동원하고 있다. 말씀과 기도는 정상적인 그리스도인의 삶 가운데 균형 있는 하나님과의 교제를 이루는 두 요소라고 할 수 있다.

이웃과의 교제와 증거

(3) 교제

교제는 예수 그리스도를 말미암아 구원받은 그리스도인들이 그리스도 안에서 서로 연합하여 조화를 이루는 것이다. 하나님께서 자신에게 주신 모든 것을 다른 지체들과 나누며 그리스도의 몸을 세워가는 것이다.

하나님께서는 우리가 다른 그리스도인들과 함께 배우고 격려하는 교제의 삶을 사는 것을 기뻐하신다. 그리스도를 중심에 모시고 말씀과 기도 가운데 다른 그리스도인들과 교제하는 것은 그리스도인의 생활 가운데 매우 중요한 부분이다. 더 나아가 한마음으로 연합된 형제자매들의 교제에 우리의 제자들을 참여시켜 그가 세움을 입을 수 있도록 힘써야 한다.

우리는 교제를 통하여 서로를 도와주고 세워주어야 한다. 교제를 통하여 삶의 기쁨과 슬픔을 함께 나누어 격려와 위로 받고 쉼을 얻을 수 있어야 한다. 우리는 교제함으로 서로 성장을 도와주고 죄에 대하여 승리하는 삶을 살아야 한다.

(4) 증거

전도는 우리를 구원하신 구세주 예수님을 전하는 것이다. 증거는 복음을 전하는 것, 즉 전도라고 할 수 있다. 전도는 우리가 하기를 꺼려 하는 일 중의 하나이다. 그 이유는 아마 거절당할지도 모른다는 두려움 때문이다. 그러나 입을 열어 전도를 시작하게 되면 스릴과 흥분을 맛보게 된다. 증거는 사람의 일이 아니라 하나님의 일이라는 사실이다. 비록 사람의 보잘것없는 노력이라도 성령께서 준비된 사람에게로 인도하고 사용하시면 구원의 역사가 일어날 수 있다.

복음전도는 하나님께 영광을 돌리는 것이다. 주님은 우리를 복음 증거자로 부르셨다. 복음을 전하지 않으면 죄인들이 멸망받기 때문이다. 복음 증거는 주님의 지상명령으로 복음을 증거하지 않는 것은 하나님께 범죄하는 것이다.

우리는 열매 맺는 전도를 위해 우리가 그리스도인임을 확신해야 한다. 우리가 고백하지 않은 죄가 있는지 고백하고 항상 성령 충만해야 한다. 우리가 그리스도를 전하기 위해 준비를 해야 하며, 담대히 전하고 결과를 기대해야 한다.

위와 같이 말씀과 기도, 증거와 교제를 통하여 균형 잡힌 생활을 할 때 풍성한 신앙생활과 제자사역을 할 수 있다. 목회자와 신학교 교수, 선교회 임원 등 제자사역자들은 성도들과 신학생, 선교회 회원들에게 베이직 라이프, 말씀과 기도, 교제와 증거와 같은 균형 잡힌 신앙생활을 할 수 있도록 가르치고 권면해야 한다.

04.
제자훈련을 돕는 맨투맨 사역

"철이 철을 날카롭게 하는 것 같이 사람이 그의 친구의 얼굴을 빛나게 하느니라."

– 잠언 27:17 –

맨투맨 사역의 이해

맨투맨 사역이란 한 사람을 일대일로 만나 서로 얼굴을 마주하여 삶과 사역 전반에 걸쳐 나눔으로써 그가 영적으로 성장하도록 돕는 것을 말한다. BBB사역의 목표는 삶의 현장인 직장에서 복음을 전하고 그를 양육하여 사역자로서의 삶을 살도록 하는 데 있다.

정글과 같은 삶의 현장에서 복음의 정신으로 살자면, 하나님의 사랑을 체험하고 그 힘과 능력을 공급받는 영적인 삶이 필수적이라 할 수 있다. 평신도 사역은 제도적 권위가 아닌 자발적 헌신에 기초하므로 맨투맨은 순장이 자신의 복음적인 삶을 순원에게 보임으로써 순장의 삶이 순원에게 계승되도록 하여야 한다.

오늘날 직장에서의 경쟁이 심화되고 종교편향 등 종교활동의 제약이 날로 더해가는 가운데 직장에서의 맨투맨을 통한 탄력적이고 유연한 사역개발의 중요성이 날로 커져가고 있다.

맨투맨 사역은 지상사명 성취의 핵심 전략이다. 사도 바울은 「딤후」(2:2)에서 "또 네가 많은 증인 앞에서 내게 들은 바를 충성된 사람에게 부탁하라 그들이 또 다른 사람들을 가르칠 수 있으리라"고 말씀하였다. 사도 바울은 자신이 디모데에게, 디모데가 충성된 사람에게, 충성된 사람이 또 다른 사람을 가르치면서 영적 4세대를 이루도록 당부하고 있다. 영적 승법 번식을 통한 제자를 육성하라고 말씀하고 있다. 맨투맨 사역 없이 승법 번식을 이룰 수 없고 지상사명을 성취할 수도 없다.

맨투맨을 통하여 순장은 순원의 영적인 또는 일상생활에서의 필요를 채워줄 수 있는 능력을 갖추어야 한다. 순장은 맨투맨 대상자를 선정할 때 구원의 확신과 영적인 삶에 대한 지도가 필요한 자, 하나님과의 교제가 확립된 자로서 선교적 열망이 있는 자를 대상으로 선정하여야 한다.

맨투맨은 상호 간에 자신들의 삶을 공개하는 진실된 마

음의 토대 위에서 이루어져야 하므로 맨티가 맨투맨 하는
것을 동의하여야 한다. 맨투맨은 순원이 제자훈련을 받고
자 하는 마음이 있을 때 제자훈련 개시 전에 3개월 정도 하
는 것이 좋다. 그리고 훈련 기간 중, 훈련 종료 후 지속적으
로 양육하여 후속 관리하는 것이 좋다. 맨투맨은 한 번으로
끝나는 것이 아니라 훈련 기간이나 훈련 종료 후에도 꾸준
하게 양육하면 순장과 순원이 영적으로 더욱 친밀한 관계가
형성되고 일반 생활에게도 유익한 관계를 유지할 수 있다.

맨투맨 사역의 주요 내용

나는 행자부에 근무하면서 2003년부터 10여 명의 순원들
과 맨투맨을 하였다. 맨투맨을 하기 가장 좋은 시간은 이른
아침 시간이다. 나는 맨투맨하는 순원들에게 아침 7시에 서
울청사에 나오도록 권했다. 그러나 많은 순장들은 아침 일
찍 사무실에 나와 순원들과 맨투맨 교제하는 것을 부담스러
워한다.

순장들을 순원들을 위하여 헌신하여야 한다. 헌신하지 않
음으로 인하여 순원이 없거나, 순장의 사역이 약한 경우를
많이 볼 수 있다. 점심이나 저녁시간을 활용하는 것은 시간
관계상 또는 업무 여건상 맨투맨하기에 부적합하다.

겨울철 추운 날씨에 3개월 동안 청사에 아침 7시까지 나

오는 것은 보통 일이 아니었다. 나는 직장선교, 제자사역에 대한 마인드가 있어 어렵지 않았는데 제자사역에 대한 마인드가 없는 순원들이 아침 일찍 나오는 일은 힘든 일이었다. 힘들어하는 순원들을 위로하고 이 사역이 하나님이 가장 기뻐하시는 사역이라고 깨닫게 해주면 잘 이해하고 순장의 가르침에 잘 따른다.

맨투맨을 하면서 앞으로 받게 되는 제자훈련에 대한 오리엔테이션을 하듯이 훈련 내용 등을 간단히 소개하고 제자훈련을 더 잘 받을 수 있도록 맨투맨하는 것임을 순원에게 자연스럽게 알려주면 좋다.

맨투맨을 하면서 월터 헨릭슨의 『훈련으로 되는 제자』를 가지고 양육을 하였다. 『훈련으로 되는 제자』는 제자훈련의 최고의 교재, 제자훈련의 바이블이라고 할 수 있다. 나는 10여 명의 순원을 양육하면서 이 책을 30번 이상 읽게 되었다. 다른 책은 2, 3번 이상 읽으면 질리지만 이 책은 읽을 때마다 새롭게 느껴졌다.

『훈련으로 되는 제자』는 하나님이 쓰시는 사람, 주님으로서의 예수님, 제자가 치러야 할 대가, 하나님과 사람에 대한 올바른 이해, 전도와 제자, 제자 후보생의 선발, 제자를 훈련시키는 방법, 배가를 위한 노력, 생의 목표 설정과 같이 12단원으로 구성되어 있어 3개월 정도 맨투맨 하기에 적합하다.

맨투맨을 시작할 때 순원과 함께 기도로 시작한다. 순원과 함께 한 주간의 나눔의 시간을 갖는다. 영적인 생활은 어떠했는지, 가정생활과 직장생활은 어떠했는지, 기쁘고 즐거웠던 일, 슬프거나 힘들었던 일을 함께 나눈다. 기쁨이 2배, 슬픔이 반이 되는 시간이기도 하다. 한 주간의 삶을 나누고 먼저 예습한 한 과를 간단히 정리하는 시간을 가진다. 예습한 내용의 요점과 느낌이나 소감을 간단히 나눈다.

매주 1단원씩 심층적으로 함께 나눔의 시간을 갖는다. 『훈련으로 되는 제자』는 12과로 되어 있다. 3개월이면 충분히 마칠 수 있다. 한 과를 마치고 새롭게 배웠던 것, 느낀 점 등을 함께 나눈다. 한 단원을 정리하고 기도 제목을 함께 나눈다. 함께 기도하고 아침 식사를 간단히 하고 맨투맨을 마친다. 이러한 과정을 12주 동안 하면 순원이 제자사역에 대한 마인드를 갖게 되고 제자훈련을 효율적으로 받을 수 있게 된다. 순장과 순원이 맨투맨을 하면서 더욱 친밀한 관계를 형성할 수 있다.

05.
직장선교의 필수 요소, 제자훈련

"네가 할 수 있는 일은 내가 할 수 없고, 내가 할 수 있는 일은 네가 할 수 없으니 우리는 함께 대단한 일들을 할 수 있다."

– 클레멘트 스톤 –

제자훈련은 왜 필요한가?

제자훈련은 하나님이 우리에게 주신 명령(딤전4:7)이다. 또한 그리스도 안에서 성장하고(히5:14) 제자로 쓰임받기 위하여(마4:19, 딤후2:2) 훈련을 받아야 한다. 훈련을 받지 않으면 제자가 될 수 없다. 제자훈련을 통하여 정금 같은 믿음을 갖게 되며(욥23:10) 상급(면류관)을 받게(고전9:24-25) 된다.

믿지 않는 자들에게 복음을 전하고, 믿음이 연약한 자들에게 세계를 향한 그리스도의 비전을 심어주기 위하여 직장 사역자가 필요하다. 이를 위하여 충성스럽고 유용하며 배우는 일에 힘쓰는 그리스도인들을 사역자로 준비시켜야 한다. 이러한 사역자를 세우기 위하여 제자훈련이 필요하다.

우리나라에는 많은 직장 선교회들이 있다. 선교회에서 열정적으로 사역하는 임원들이 있으나 대부분의 임원들이 전도와 양육을 위한 제자훈련을 받지 않고 활동을 하고 있다. 이에 따라 선교사역이 이벤트성 일회성 행사에 그치고 효율적으로 이루어지지 않고 있다.

탁월한 선교사역을 위하여 목회자, 신학교 교수, 선교회 임원들이 우선적으로 제자훈련을 받고 영적으로 무장하여 전도와 양육 등의 방법을 제대로 터득하여야 한다. 제자훈련을 받은 후 성도들에게, 신학생들에게, 선교회원들에게 제자훈련을 권면하고 다른 사람을 전도하고 제자를 양육하는 사역자로서의 삶을 살아야 한다.

예수님은 공생애 3년 동안에 12명의 제자를 세우셨다. 진정한 그리스도인으로 직장사역자라면 최소한 자신의 삶에서 2~3명 이상의 제자를 양육해야 되지 않을까 생각해 본다.

"말씀하시되 나를 따라오너라. 내가 너희로 사람을 낚는 어부가 되게 하리라 하시니" (마4:19)

"또 네가 많은 증인 앞에서 내게 들은 바를 충성된 사람들에게 부탁하라 저희가 또 다른 사람들을 가르칠 수 있으리라" (딤후2:2)

"운동장에서 달음질하는 자들이 다 달아날지라도 오직 상 얻는 자는 하나인 줄을 너희가 알지 못하느냐 너희도 얻도록 이와 같이 달음질하라 이기기를 다투는 자마다 모든 일에 절제하나니 저희는 썩을 면류관을 얻고자 하되 우리는 썩지 아니할 것을 얻고자 하노라" (고전9:24-25)

제자사역을 위한 훈련 소개

각 사역단체에서 실시하는 제자훈련에는 여러 가지 훈련 목표가 있다. 이를테면 직장인성경공부모임(BBB)의 BTC훈련과 직장선교대학, 전도폭발훈련은 전도와 제자 양육에 중점을 두고 훈련을 실시한다. 한편 예수전도단 DTS 훈련은 종합영성 개발에 중점을 두고 훈련을 실시한다.

1) BTC(BBB Training Center) 훈련

BTC 훈련은 전도와 양육, 제자화에 대한 종합훈련으로 단계별 훈련 내용은 다음과 같다.

BTC1 훈련은 전도와 제자화를 위한 기초 훈련으로서 전도, 육성, 개인경건생활, 자기관리 등의 훈련을 통해 삶의 현장인 직장과 가정에서 올바른 신앙생활을 하고 모든 영역에서 풍성한 삶을 살도록 돕는 과정이다.

BTC2 훈련은 순장 초급과정으로 모임에서 순장으로서 역할을 하고자 하는 사람들에게 순장이 갖춰야 할 기본적인 내용, 특히 양육의 기초 및 교안 작성 요령 등을 무장하는 과정으로 운영한다.

BTC3 훈련은 전도와 제자화를 위한 고급과정 훈련으로 개인 및 소그룹 지도, 영적 운동을 일으키는 방법, 자기관리 등의 훈련을 통해 개인의 신앙성장과 평신도 사역자로서 지역교회와 직장 선교회 등 성장을 효과적으로 돕게 하는 과정이다.

BTC4 훈련은 리더십 개발과정으로 지역대표나 지구대표 등에게 필요한 영적 리더십의 원리들을 체계적으로 무장하여 변화무쌍한 환경하의 삶의 현장에서 그리스도인으로서 영향력 있는 삶을 살 수 있도록 돕는 과정이다.

2) 직장선교대학 훈련

직장선교대학은 직장선교를 통한 민족복음화와 세계선교, 기독교 사회문화 창조, 교회 일치 등 직장선교 3대 목표를 달성하기 위하여 평신도 직장선교사 및 직장선교지도자를 양성하는 데 목적을 두고 있다. 본 대학은 경건의 훈련, 사역기술의 훈련, 지도력 개발훈련을 중심으로 운영되고 있으며 세부적인 과정은 다음과 같다.

첫째, 경건의 훈련(이론 강의, 경건 기도노트 작성, 찬양, 리트릿 등)을 통하여 매일 하나님과 깊은 교제를 하고 능력 있는 그리스도인의 삶을 살게 한다.

둘째, 사역기술의 훈련(전도 및 양육에 대한 이론 강의, 시범실습, 실천사역 등)을 통하여 전도와 양육을 통한 실제적인 직장복음화를 생활화하는 삶을 살게 한다.

셋째, 지도력 개발훈련(육성 및 소그룹 성경공부 이론과 실습)을 통하여 직장 선교회 및 성경공부 운영을 가능하게 하며 직장 안에서 영향력 있는 삶을 살게 한다.

3) 전도폭발훈련

국제전도폭발한국본부에서는 한국 상황에 맞는 복음제시 개발, 어린이, 청소년, 대학생 전도폭발훈련, 지역별 임상훈련 다양화, 국내 농어촌 및 해외사역 확대를 하고 있다. 지도자 임상훈련은 교회 목회자나 지도자를 대상으로 6일간 진행하며, 경건회와 기도회, 강의와 시범, 현장실습, 공개보고회, 구두 복음제시 등이 있다. 지역교회 훈련은 교회 일반 성도를 대상으로 예배, 강의와 시범, 현장실습, 공개보고회, 구두 복음제시, 필기시험 등이 있다.

4) 예수전도단 DTS훈련(제자훈련학교)

예수전도단은 오직 세계 복음화를 위해 설립되었다. 예수전도단은 복음을 듣지 못한 사람들에게로 나아가 그들로 하여금 예수 그리스도를 주로 모시고 하나님께 영광 돌리는 삶을 살게 하기 위해 헌신하고 있다. 또한 한국 교회의 그리스도인들이 세계 선교를 위해 일어나도록 섬기는 일에 목적을 두고 있다.

DTS훈련은 24주(연 1회 실시, 매년 3월 개강) 지역별로 실시하며, 훈련 프로그램은 DTS(Discipleship Training School), BDTS(직장인 대상), CDTS(35세 이상 성인), UDTS(대학생 대상), PDTS(목회자 대상)가 있다.

주요 강의 내용은 묵상, 하나님의 음성을 듣는 법, 예배, 중보기도, 영적 전쟁, 내적 치유와 다림줄, 아버지의 사랑, 영적 성속, 성령으로 사는 삶, 재정/권리포기, 충성과 위탁, 영적 권위, 성경적 세계관, 전도 및 선교가 있다.

06.
한 직장에서 탁월한 제자 세우기

"리더는 분위기와 속도를 조절하며, 목표와 전략을 세우고, 무엇을 기대하는지 스스로 모범을 보여야 한다."

– 스탠리 골트 –

제자사역 20년, 제자 양육의 Know-How

나는 2003년 이후 NLTC, BTC훈련, 직장선교대학, 전도폭발훈련 등 훈련 순장, 훈련간사, 훈련 조장으로 훈련생과 순원들을 섬기면서 훈련받을 당시의 체험과 사역 경험 등을 바탕으로 이들이 탁월한 제자를 재생산하는 견고한 사역자로 세워지도록 노력하였다.

가. 맨투맨, 순모임을 하면서 한 주 생활을 나눔

순원들과 맨투맨을 할 때 한 주간의 생활을 나누면서 순원의 영적인 생활과 가정, 직장생활을 확인하고, 개인 기도제목을 나누면서 순원의 개인적인 어려움과 필요한 것을 파악하려고 노력하였다.

순원들에게 자신의 순원을 양육할 때 바울이 그랬듯이 아비와 유모와 같은 마음을 가지고 양육을 하도록 권면하였다. 예수님께서 제자들과 항상 함께 생활하면서 사역을 하신 것과 같이 순원들과 자주 접하면서 친근해지도록 힘쓰고 영적으로 필요한 것을 공급해 주려고 노력하였다.

나. 순원에 대하여 관심을 가지고 인내심을 가짐

순원과 친밀한 관계를 맺도록 일주일에 몇 차례에 걸쳐 e-메일 주고받기, 안부 전화, 커피타임, 식사시간을 통해 교제하는 시간을 많이 갖도록 노력하였다. 가정으로 순원의 가족을 초청하여 예배를 드리고 사역에 대한 비전을 함께 나누는 기회를 가졌다. 콘도에서 동역자 가족들을 초청하여 작은 부흥회를 가지면서 가족들이 직장사역에 대해 이해하고 중보기도를 하여 주도록 부탁하는 경우도 있었다.

다. 탁월한 사역을 위하여 제자훈련을 권면

행자부 선교회, 정부서울청사직장선교연합회, 세종로 BBB모임에서 효율적인 제자사역을 위하여 순원들로 하여금 직선대학, NLTC, BTC훈련, DTS 등 제자훈련을 많이 받도록 권면하였다. 또한 훈련에 적극 참여하도록 하기 위하여 미리 훈련 개원예배, 수료예배, 노방전도 등에 같이 참석하도록 하였다. 메시지, 간증, 기도회 등 다양한 사역의 현장 모습을 보고 들으면서 제자사역에 대한 동기를 부여하는 시간을 갖도록 권면하였다.

라. 재생산을 위하여 제자 양육을 하도록 거룩한 부담을 줌

NLTC, BTC 훈련을 받은 순원들이 훈련을 마치고 순원을 제대로 양육하지 못하고 있는 경우를 많이 본다. 제자 양육에 대한 경험이 없고 양육에 대한 부담을 갖게 되어 미루고 있을 때 이미 받은 훈련 내용을 적용하여 직장에서 순원을 양육해 보라고 부담을 주며 권면하였다.

마. Basic Life(말씀, 기도, 교제, 증거)에 충실한 삶을 살도록 권면

제자 양육 등 사역을 하기 위해서는 성령충만한 삶이 전제되어야 한다. 순원들로 하여금 항상 그리스도께 순종하는 마음을 가지고 말씀, 기도, 교제, 증거 등 균형 잡힌 신앙생활을 하도록 권면하였다. 직장과 사회생활을 하다 보면 힘들고 어려운 일을 당하면서 성령충만하지 못할 때 Basic Life가 무너지지 않도록 위로하고 격려했다.

바. 사역에 대한 가족의 이해와 중보 요청

직장에서 사역을 할 때 배우자나 자녀가 사역을 이해하지 못할 때가 많이 있다. 사역의 이해 부족으로 인하여 가정에 불화가 발생하고 사역이 어려워질 때가 자주 생길 수 있다. 사역의 내조, 외조를 위하여 배우자를 NLTC, BTC훈련, 직장선교대회 등 각종 제자훈련 개원예배, 수료예배 등의 행사에 참석하도록 권면하여 사역을 이해하고 기도할 수 있도록 중보를 요청하면서 효율적으로 사역하게 하였다.

사. 직장선교, 제자사역에 대한 비전 제시

행정자치부는 중앙행정기관의 정부 조직, 인사, 행정관리를 총괄하고 있으며 지방자치단체에 대한 조직, 인사, 재정 등을 총괄하는 기능을 담당하고 있었다. 정부서울청사선교연합회와 지방자치단체 선교회 임원 및 회원들에게 '빛과 소금' 선교지 등을 배포하면서 사역에 비전을 심어주려고 노력하였다.

아. 대가를 지불하는 제자의 삶을 권면

직장선교, 직장사역을 오래 하다 보면 많은 시간과 물질을 들여야 하며, 사역에 마음을 쏟아야 한다. 1999년부터 직장선교대학 수업을 받을 때부터 1주일에 2번씩 여러 가지 제자훈련을 받고 훈련순장, 훈련간사로 순원을 섬기면서 주말에 쉬지 못할 때가 많이 있었다. 훈련생과 함께 전도현장으로 가야 하고 강의장에서 함께 강의를 들어야 했다.

훈련 전에는 맨투맨 등으로, 훈련 기간 중에는 훈련생의 암송, 과제물 등 여러 가지 사항을 점검해야 하고 개원예배, 수료예배에 참석하는 등 많은 시간을 투자해야 했다. 순원의 훈련 수료 시 선물 구입, 선교회원들 간의 식사 교제 등 여러 가지 사역을 위하여 많은 물질을 투자하게 된다. 또한 순원들을 영적으로 무장시키기 위해 지속적으로 관심을 가져야 하고 사역의 확장을 위해 헌신하는 마음을 가져야 한다.

자. 신앙 성장 및 순원 양육을 위하여 끊임없는 노력 권면

순원 자신의 신앙이 성장하고 순원이 자기의 순원을 효율적으로 양육할 수 있도록 끊임없이 노력할 것을 권했다. 개인적으로 모세오경, 사도행전, 로마서, 요한복음 등 제자 양육에 필요한 성경의 핵심적인 책에 대하여 공부를 하도록 권면하였다. 『훈련으로 되는 제자』, 『제자 삼는 사역의 기술』 등 제자 양육 관련 도서 등을 많이 읽으면서 제자사역에 적용하도록 하였다. 내가 받은 은혜를 순원들에게 나누어주고 평생 사역의 동반자로 함께하기를 권면하였다.

한 직장에 탁월한 제자 한 명 세우기

■ 행자부 선교회에 세워진 사역자들

나는 직장선교대학 훈련과 NLTC 1단계 훈련을 받은 후 우선 행자부 선교회원을 대상으로 훈련을 받도록 권면하였다. 또한 정부서울청사연합선교회에 속한 각 부처 선교회를 중심으로 사역자 1명을 세우려고 힘썼다.

2002년 국가전문행정연수원에 전입한 장상만 형제를 수원 직장선교대학 훈련을 받게 했다. 행자부 본부에 올라와서 BTC 1, 3단계 전도폭발훈련을 받았다. 세종로 BBB모임 지역대표를 역임하였으며, 현재 세종시 BBB모임 지역대표로 활동 중이다.

행자부 조인묵 형제에게 묵상자료를 메일로 일주일에 한두 번 정도 1년 동안 꾸준하게 보냈다. 직장선교대학 훈련을 받게 하였다. 그의 아내도 훈련을 받았다. 이어서 BTC 1, 3단계 훈련을 받았다. 나의 후임으로 세종로BBB 지역대표로 활동했다. 강원도청 기독선교회장을 역임했고 현직 양구군수로 지역 발전에 헌신하고 있다.

2004년에 나는 행자부 선교회 부회장이었고 조인묵 형제는 총무 일을 보고 있었다. 지방세심사과장으로 계신 이희봉 형제님이 행자부 선교회장을 새로 맡았다. 사역방향이 서로 달라 갈등을 겪기도 했다.

　2011년 나는 F1국제자동차경주대회 조직위원회에 파견 근무하면서 전남도청이 있는 무안지역에 1년 정도 살았다. 이희봉 형제님이 전남도청 의회사무처장으로 근무할 때 함께 기도하면서 무안지역에 가까운 목포BBB 지역모임을 개척했다. 전적으로 하나님의 은혜였다.

■ 정부중앙청사, 자치단체 직장 선교회에 세워진 사역자들

　국방부의 김이수 형제는 국무조정실에 파견근무를 할 때부터 세종로BBB 모임에 나왔다. 2007년 1월부터 맨투맨을 하였고 BTC훈련을 받았다. 국방부의 다른 선교회원들에게 도전하여 맨투맨을 하고 제자훈련을 권면하였다. 제자훈련에 대한 지속적인 관심으로 2008년부터 국방부 선교회원 10여 명이 BTC훈련을 받았고 국방부의 제자사역과 직장선교를 위해 뜨거운 열정으로 헌신하고 있다.

　국방부의 서범출 형제는 김이수 형제와 함께 국방부 선교회의 핵심멤버로 활동하고 있으며 국방부의 지체들을 돌보고 있다. BTC 1, 3단계 훈련을 받은 후 세종로BBB 지역대표 역할을 감당하고 있다.

　외교부의 한충희 형제는 종교교회에서 직장인 정오 예배를 드리면서 알게 되었다. BBB모임 참석과 함께 제자훈련을 받을 것을 권면하였다. 외교부의 과장으로 근무하면서 맨투맨을 할 때 겸손하고 순종하는 마음으로 참여하였고, 바쁜 업무 가운데 성실하게 훈련을 받았다. 평상시 온화한 성품으로 그리스도의 본을 보여주는 삶을 살고 있다. 외교부 선교회의 형제자매들을 권면하여 BBB모임에 인도하였고 BTC훈련을 받게 하였다.

경기도의 류덕규 형제는 경기도 청선교회 총무로 수원직장선교대학 훈련을 받으면서 훈련간사와 훈련생으로 처음 만났다. 2002년~2003년에 지방에서는 처음으로 수원직선대학 1, 2단계 훈련을 수료하였고 수원직선대학 핵심간사 역할을 하였다. 경기도청 선교회를 활성화하는 데 힘을 썼고, 경기도선교회를 전도하고 양육하고 제자화하는 선교회로 변화시키도록 노력했다.

수원시의 이인수 자매는 경기도청 선교회 총무 류덕규 형제와 함께 수원직장선교대학 훈련을 받으면서 훈련간사와 훈련생으로 처음 만났다. 수원직선대학 1, 2단계 훈련을 수료하였고, 수원직선대학 핵심간사 역할을 하였다. 2004년 5월에 수원시 장안구청 기독선교회를 창립하였고, 수원시청 직장 내 제자화 사역에 헌신하였다.

전주시의 양영숙 자매는 2002년 국가전문행정연수원에서 운영하는 3개월 합숙과정의 여성간부양성과정 교육을 받으러 오면서 연수원 예배에 참여하여 만났다. 서로의 신앙생활에 대하여 나누고, 직장선교대학 훈련을 받을 것을 권면하였다. 수원직선대학 1단계 훈련을 받았고 지방으로 귀향하여 전주NLTC 훈련을 수료하였으며 전주시청 선교회에서 제자화 사역에 헌신하였다. 전주BBB모임 사역을 활성화하는 데 큰 역할을 하였다.

군산시청 전순미 자매는 양영숙 자매와 함께 2002년 국가전문행정연수원에서 운영하는 3개월 합숙과정의 여성간부양성과정 교육을 받으러 오면서 연수원에서 만났다. 수원직선대학 1단계 훈련을 받았고 귀향 후 전주NLTC 훈련을 수료하였으며 군산시청 선교회에서 핵심역할을 담당하였고, 군산BBB모임 개척에 헌신하였다.

07.
직장 내 리더로서의 사역

"리더는 사람들이 가고자 하는 방향으로 이끄는 사람이다. 위대한 리더
는 사람들이 가고 싶어 하지는 않지만, 가야 하는 방향으로 이끄는 사람
이다."

– 로잘린 카터 –

영적 리더십, 왜 필요한가?

영적 리더십이란 직업이 아니라 소명이다. 각 직장 선교
회를 이끌어가는 선교회 임원과 순원, 제자를 양육하는 순
장들은 모두가 영적인 리더가 되어야 하며, 이에 필요한 리
더십을 갖추어야 한다.

훌륭한 리더로 준비되기 위해서는 반드시 우리를 향한 하
나님의 소명에 비추어 리더십을 이해해야 한다. 하나님은
하나님이 말씀하신 대로 행하심을 믿는 리더들, 하나님의
계획을 알고 사람들을 움직여 그 일을 할 수 있게 하는 리더
들을 필요로 하신다.

정부서울청사 직장선교연합회와 세종로BBB모임에서는
우선적으로 각 부처 선교회 임원 등을 중심으로 전도와 양

육하는 사역자로서 세워지도록 힘을 쓰고 있다. 그렇게 훈련된 선교회 임원들이 다른 선교회원들을 양육하여 제자 삼는 삶을 살아가도록 목표를 두고 있다. 리더가 되기 위해서는 하나님을 경외하는 마음, 통찰력을 가진 비전, 고매한 인격, 사람을 변화시키는 능력, 좋은 팀워크를 가져야 한다.

또한 탁월한 리더가 되기 위해서는 뚜렷한 비전과 전략을 부처 내 선교회원들에게 제시하여야 한다. 그러나 정부서울청사 내 각 부처 임원들의 경우 제자훈련을 받지 않아 선교회원들에게 하나님의 비전을 올바로 제시하는 임원들이 많지 않아 아쉽기도 하다.

세계적인 리더십 전문가 존 맥스웰은 자신의 저서에서 하나님이 사용하시는 지도자의 자질을 설명하고 있다. 리더는 인생의 분명한 목적이 있어야 하며, 하나님의 은혜로 그의 삶 속에서 장애물을 제거할 수 있어야 한다. 또한 자신을 온전히 하나님 뜻 안에 두고, 기도에서 승리하는 법을 배운 사람이라고 한다.

리더는 하나님의 말씀에 충실한 제자가 되어야 하며, 잃어버린 세상을 향해 삶의 변화를 일으키는 메시지를 가져야 한다. 올바른 태도와 행동으로 섬기는 것을 선택하며, 자신과 남들 안에 있는 은사를 움직이게 하여야 한다. 리더는 사람을 세우는 일을 분명히 하여야 하며, 성령충만한 삶을 살

고, 다른 사람들에게 본을 보여주는 사람이 되어야 한다고
설명하고 있다.

조직에 선한 영향력을 발휘하는 리더가 되어야

주님은 「마」(9:36~38)에서 추수할 일꾼이 적다고 하셨다.

"무리를 보시고 민망히 여기시니 이는 저희가 목자 없는 양과 같이 고
생하며 유리함이라 이에 제자들에게 이르시되, '추수할 것은 많되 일꾼
은 적으니, 그러므로 추수하는 주인에게 청하여 추수할 일꾼들을 보내
어 주소서 하라' 하시니라"

월터 헨릭슨은 『훈련으로 되는 제자』에서 '제자는 태어나
는 것이 아니라 만들어지는 것이다'라고 했다. 홍콩제일교
회 김성복 목사는 『영적제자훈련』에서 "신앙공동체 안에서
의 지도력은 일반적인 지도력에다 영적 지도력까지 겸해야
하는 과제를 안고 있다고 한다. 일반사회 속에서 요구되는
지도력이 신앙공동체인 교회에서도 필요하다. 왜냐하면 교
회의 구성원은 일반사회의 구성원인 동시에 신앙인이기 때
문이다"고 설명하고 있다.

리더십(지도력)이란 한마디로 리더의 삶을 공동체의 구성
원들과 함께 나누는 것이다. 리더의 올바른 삶의 전달에서

리더십이 나온다.

각급 선교회의 회장, 부회장, 총무 등 임원들은 그들이 속한 조직에서 리더이다. 직장인성경공부모임(BBB)에서 지역대표, 부대표, 지구대표, 순장들, 직장선교대학의 임원, 간사들은 리더이다. 리더들은 솔선수범하여 먼저 제자훈련을 받아야 한다. 제자훈련을 받은 후 회원들에게 제자훈련을 받도록 권면하여야 한다. 각종 선교회의 리더, 사역단체의 리더들은 순원 또는 제자들이 사역자로 잘 활동할 수 있도록 그들을 잘 케어하여야 한다.

조직의 리더들은 함께 삶을 나누며 본을 보여주어야 한다. 말과 행실과 사랑과 믿음과 정절에 대하여 믿는 자에게 본이 되어야 한다. 리더는 헌신적인 삶을 살아야 한다. 헌신적인 생활은 리더를 부지런하게 하며 정열적으로 일을 추진하게 하는 동기를 부여해 준다. 또한 리더는 자신을 희생하더라도 공동체를 위해 살아간다. 리더는 순수해야 한다. 리더는 자신의 유익을 구하지 아니하고 순수하게 섬기고 봉사해야 한다. 사람 자체를 사랑함이 리더십이다. 가진 자의 재물, 명예, 지위, 교육수준, 신분에 관계없이 사람의 가치를 인정하고 사람 자체를 사랑하는 것이 리더십의 기초이다.

리더는 책망들을 만한 일이 없어야 한다. 리더는 부단히 리더십의 자질을 계발하고 실천함으로 성령의 능력 안에서 가능하게 된다. 리더는 성실과 근면의 자질을 계발하여야 한다. 자기 몸을 쳐 복종시킴을 계발하여야 한다. 리더로서 하는 일이 수고롭다고 느껴지지 않고, 남을 위하여 시간과 정력과 물질을 아낌없이 기쁘게 바칠 수 있는 인격이 될 때까지 쉬지 않고 훈련을 쌓아야 한다.

리더는 고난받을 각오를 계발하여야 한다. 이는 우리가 그리스도를 위하여, 신앙공동체인 교회를 위하여 고난의 길을 즐겁게 선택했다는 뜻이다. 리더는 말을 절제하고, 경청하는 자세를 계발하여야 한다. 지도자는 특히 말할 기회를 누구보다도 많이 얻을 수 있다. 될 수 있으면 말을 적게 하고 남의 말을 듣는 태도를 훈련해야 한다.

리더는 진리를 고수하는 자세를 계발해야 한다. 진리는 사람들을 자유케 하고, 진리는 힘이 있다. 지도자가 진리를 거스르면 지도자의 생명이 끝나는 것이다. 하나님 앞에서, 타인들 앞에서 진실하기를 훈련해야 한다.

성경을 올바르게 가르치는 영적 지도자가 되어야

선교회 또는 선교단체의 리더가 되려면 리더십도 개발하여야 하지만 또한 성경의 박사가 되어야 한다. 나는 NLTC(새생명)훈련을 받고 예비순장이 되었다. 예비순장이 되었지만 순원을 양육하려고 하니 부족한 것이 너무도 많았다. 제자사역에 대한 지식도 없었고 경험도 없었다.

순원을 영적으로 양육을 잘 해야 하는데 성경의 지식이 많이 부족했다. 그래서 순모임을 통해서 성경지식도 많이 배웠지만 개인적으로 성경공부를 많이 했다. 순원을 양육하기 위해 여러 가지 성경핸드북을 통해 성경을 연구했고, 성경연구 자료를 가지고 공부했다. 성경지식이 부족해서 신학을 공부했고 느지막이 목회자가 되었다.

성경을 공부하기 위해 2007년부터 2013년까지 매년 여름 휴가철에 경남 산청의 노우호 목사님이 인도하는 '에스라하우스 성경 강좌'에 참석해서 성경을 공부했다. 4박 5일 동안 아침 5시부터 밤 11시까지 강도 높게 창세기부터 요한계시록까지 성경 강좌를 들으며 성경지식을 많이 쌓았다. 순원들과 제자들을 위해 부단히 성경을 공부하고 영적인 것을 채워주기 위해 노력하였다. 성경 실력이 부족하면 영적인 지도자가 되기에 어려움이 많이 있다.

영적인 지도자가 되려면 이 세상의 최고의 베스트셀러, 스테디셀러인 성경을 수없이 많이 읽어야 한다. 성경의 전체적인 구조를 꿰뚫어야 하고, 구약과 신약의 역사, 성경의 지리와 기후, 구약과 신약의 인물, 구약과 신약의 중간사, 예수 그리스도의 생애 등을 깊이 있게 연구하고 공부해야 한다.

순원과 제자들과 함께 성경공부를 인도하며 은혜를 나눌 수 있어야 한다. 성경공부를 하면서 그들의 영적 필요를 채워주어야 한다. 성경에 대하여 궁금하고 어려운 것을 해결해 줄 수 있어야 하며 영적인 부분에 대하여 상담을 할 수 있는 능력까지도 갖추어야 한다. 제자들도 리더의 영향을 받아서 성경박사가 되고, 제자의 제자까지 잘 양육할 수 있는 영적 리더가 되어야 한다.

08.
반복적인 제자 양육 (1-7단계 반복)

"하나님은 사람을 그 성취나 역량의 거대함으로 평가하지 않으시고 겸손함의 작은 범위로 평가하신다."

– 빌리 그레이엄 –

한 직장에 탁월한 제자 한 명 세우기부터

우리 생활의 주변에서 가능성이 있는 제자를 세워야 한다. 무작정 제자를 세운다면 효율성이 많이 떨어질 수도 있다. 하나님께 쓰임받는 자질을 갖춘 자 중에서 선택하여 제자를 세워야 한다. 『훈련으로 되는 제자』의 저자 월터 헨릭슨은 하나님이 쓰시는 제자의 자질을 다음과 같이 설명하고 있다.

제자의 자질은 하나님이 성경에서 제시하신 삶의 목표를 자신의 목표로 받아들이는 사람이다. 하나님의 뜻이 자신의 삶에 이루어지도록 하기 위해 어떤 대가라도 기꺼이 지불할 준비가 되어 있는 사람이다. 제자의 자질은 하나님의 말씀을 사랑하는 사람이다. 종의 마음을 가진 사람이다. 하나님이 쓰시는 제자의 자질은 자기 육체를 신뢰하지 않는 사람이다. 독립적인 기질을 가지고 있지 않는 사람이다. 제자의 자질은 사람을 사랑하는 사람이다. 쓴 뿌리의 올무에 걸리지 않는 사람이다. 자기 생활을 훈련할 줄 아는 사람이다.

하나님께 쓰임받는 탁월한 사역자를 선발하기 위하여 직장에서 믿음이 좋은 선교회원들에게 관심을 가지고 제자훈련을 받을 것을 권면하게 된다. 그러나 직장에서 업무를 처리하는 것 외에 제자사역에 별도로 많은 시간을 투자하고 여러 가지 모양으로 대가를 지불하는 등 헌신적인 사역을 하는 것에 부담을 가지고 권면을 받아들이는 그리스도인이 별로 없어 아쉬울 때가 많이 있다.

나는 2003년 이후 NLTC, BTC훈련, 직장선교대학, 전도폭발훈련, DTS 훈련을 받으면서 훈련 순장, 훈련간사, 훈련조장으로 훈련생과 순원들을 섬기면서 이들이 탁월한 제자를 재생산하는 견고한 사역자로 세워지도록 노력하였다.

순원들과 맨투맨을 할 때 한 주간의 생활을 나누면서 순원의 영적인 생활과 가정, 직장생활을 확인하고, 개인 기도제목을 나누면서 순원의 개인적인 어려움과 필요한 것을 파악하려고 노력하였다. 순원과 친밀한 관계를 맺도록 일주일에 몇 차례에 걸쳐 e-메일 주고받기, 안부 전화, 커피타임,

식사시간을 통해 교제하는 시간을 많이 갖도록 노력하였다. 가정으로 순원의 가족을 초청하여 예배를 드리고 사역에 대한 비전을 함께 나누는 기회를 가졌다. 행자부 선교회, 정부 서울청사선교연합회, 세종로BBB모임에서 효율적인 제자사역을 위하여 순원들로 하여금 직선대학, NLTC, BTC훈련, DTS훈련 등 제자훈련을 많이 받도록 권면하였다.

제자 양육 등 사역을 하기 위해서는 성령충만한 삶이 전제되어야 한다. 순원들로 하여금 항상 그리스도께 순종하는 마음을 가지고 말씀, 기도, 교제, 증거 등 균형 잡힌 신앙생활을 하도록 권면하였다.

직장선교, 직장사역을 오래 하다 보면 많은 시간과 물질이 들어가야 하며, 사역에 마음을 쏟아야 한다. 1999년에 직장선교대학 훈련을 받은 후 여러 가지 제자훈련을 받고 훈련 순장, 훈련간사로 순원을 섬기면서 주말에 쉬지 못할 때가 많이 있었다. 훈련생과 함께 전도현장으로 가야 했고 강의장에서 함께 강의를 듣기도 하였다.

순원 자신의 신앙을 성장시키고 순원이 자기의 순원을 효율적으로 양육할 수 있도록 끊임없이 노력할 것을 권했다. 『훈련으로 되는 제자』, 『제자 삼는 사역의 기술』 등 제자 양육 관련 도서 등을 많이 읽으면서 제자사역에 적용하도록 하였다. 내가 받은 은혜를 순원들에게 나누어 주고 평생 사역의 동반자로 함께하기를 권면하였다.

반복적으로 제자를 재생산해야

사도 바울은 영적인 아들 디모데에게 「딤후」(2:2-3)에서 "또 네가 많은 증인 앞에서 내게 들은 바를 충성된 사람들에게 부탁하라 저희가 또 다른 사람들을 가르칠 수 있으리라 네가 그리스도 예수의 좋은 군사로 나와 함께 고난을 받을지니"라고 말씀하고 있다. 사도 바울이 디모데에게 영적인 4세대를 이루라고 권면하고 있다. 사울 바울이 디모데를, 디모데가 충성된 사람을, 충성된 사람이 또 다른 사람을 양육하듯이, 사도 바울이 디모데에게 영적인 4세대를 이루도록 당부하고 있는 것이다.

우리 사역자도 사도 바울과 같이 영적 4세대를 만들어야 한다. 한 사람이 그리스도를 영접하고 주님의 제자가 되기 위해서는 여러 가지 훈련을 거쳐야 리더가 되고 탁월한 사역자가 된다.

한 그리스도인이 탁월한 사역자가 되기 위해서는 먼저 신앙의 기초를 확립해야 한다. 먼저 구원의 확신이 있어야 하고, 그리스도의 주재권을 인정해야 한다. 선교단체의 사역에 참여하면서 여러 가지 제자훈련도 받아야 한다. 영적으로 성장을 하기 위해서는 말씀과 기도, 교제, 증거와 같은

베이직 라이프에 충실하여야 한다,

신앙의 기초가 확립된 이후에는 맨투맨과 직장선교의 필수 요소인 제자훈련을 받아야 한다. 전도와 양육 훈련인 직장인성경공부모임(BBB)의 BTC훈련이 있고, 직장선교대학 훈련, 전도폭발훈련이 있다. 종합영성 개발 훈련인 예수전도단 DTS훈련(예수제자훈련)도 있다. 제자훈련을 거쳐 한 직장에서 탁월한 제자로 세워진다. 탁월한 제자가 되기 위해 리더십을 계발하여야 한다.

리더십을 계발하면 직장 크리스천 리더의 제자사역이 완성된다. 직장 내 리더의 역할을 잘 감당하여야 하며 사도 바울의 말씀과 같이 반복적인 제자 양육이 되어야 한다. 한 직장에서 탁월한 제자가 우선적으로 세워져야 하며 다른 제자가 반복적으로 세워지도록 노력해야 한다. 그리스도인 한 명이 탁월한 사역자로 세워지는 것은 리더 한 명이 피와 땀과 눈물과 함께 기도하면서 이루어진다고 할 수 있다.

주님은 우리에게 모든 민족을 제자로 삼으라고 지상명령으로 주셨다. 우리는 이 말씀에 순종하여 제자를 삼는 사역에 헌신하여야 한다.

치열한
영적 전쟁을 위한 전략

- 제자훈련과 리더 개발에 올인하라 -

주님의 제자를 한 명 세우는 데는 시간이 걸린다. 우리에게 필요한 전자제품과 생활용품은 공장에서 한꺼번에 수천 개, 수만 개 공산품으로 만들어낼 수 있다. 똑같은 모양으로 똑같은 품질로 쉽게 만들 수 있다. 그러나 사람은 다르다. 제자사역자 한 사람을 세우는 것은 더 힘들다. 제자사역자를 세우는 데는 시간이 걸린다.

한 사람의 사역자가 세워지려면 우선 신앙의 기초가 바로 세워져야 한다. 구원의 확신이 있어야 하고 그리스도의 주재권을 인정해야 한다. 선교단체 사역에 참여하여야 한다. 또한 영적 성장을 위해 베이직 라이프가 견고해져야 한다. 하나님과 말씀과 기도가 있어야 한다. 이웃과 함께 교제하고 증거하는 삶을 살아야 한다.

신앙의 기초가 확립된 이후에 맨투맨과 제자훈련이 이루어져야 한다. 한 직장에서 탁월한 제자를 세우기 위하여 먼저 맨투맨을 해야 하고 제자훈련을 받아야 한다. 전도와 양육을 위하여 제자훈련은 필수 요소이다.

각종 사역단체와 선교회의 임원으로 효율적으로 사역하려면 리더십을 가지고 사역단체와 모임을 이끌어야 한다. 단체와 모임의 임원으로서 반복적으로 제자를 양육하여야 한다. 한 명의 사역자를 세우는 것은 어렵지 않다. 그러나 우리는 반복적으로 제자를 양육하여야 한다. 반복적인 제자 양육은 헌신이 필요하고 그래서 반복적인 양육은 쉽지 않다.

우리는 직장에서 탁월한 사역자를 세워야 한다. 탁월한 한 사역자, 그가 선교단체나 선교회를 변화시킨다. 교회와 신학교를 변화시킬 수 있다. 그러한 사람을 우리가 세워야 한다. 수많은 선교단체, 선교회에서 일회성, 이벤트성 행사로 모임을 이끌어가려는 임원들이 많이 있다. 일회성 행사가 아닌 사람을 세우는 제자사역의 방향으로 나아가야 한다.

나는 행자부선교회 부회장, 정부서울청사직장선교연합회 부회장, 세종로BBB 모임 대표, 한국기독교직장선교연합회 자문위원으로 활동하면서 행자부와 정부서울청사 각 선교회 임원을 중심으로 한 직장에 한 명의 사역자를 세우도록 노력했다.

나는 우선 내 직장 행자부 선교회에 사역할 순장을 세우기로 하였다. 수원에 있는 국가전문행정연수원에서 장상만 형제를 만났다. 수원 직장선교대학 훈련을 받게 했다. 세종로BBB모임으로 인도했다. 세종로BBB모임의 대표로 활동했다. 지금은 인사혁신처에 근무하면서 세종시BBB모임의 지역대표로 활동하고 있다.

행자부에서 바쁘기로 소문난 부서에 근무하는 조인묵 형제를 만났다. 1년 동안 묵상자료를 보냈다. 마음이 움직였다. 직장선교대학 훈련, BTC 훈련을 받았다. 세종로BBB모임으로 인도했다. 내 후임으로 세종로BBB모임 대표를 맡았다. 강원도청 기독교직장 선교회장을 역임했다. 현직 양구 군수로 활동하고 있다.

내가 행자부 선교회 부회장으로 있을 때 이희봉 회장님이 새로운 회장을 맡았다. 사역의 방향이 서로 달라 갈등이 있었다. 그래도 마음이 일치됐다. 예수전도단 DTS 훈련을 받았고 BTC 1, 3단계 훈련을 받았다. 행자부 간부로서 세종로 BBB모임에 열심히 참석했다. 정부서울청사 직장선교연합회장을 역임했고, 목포BBB모임을 나와 함께 개척했다.

국방부의 김이수 형제는 국무조정실에 파견근무를 할 때부터 세종로BBB 모임에 나왔다. 2007년 1월부터 맨투맨을 하였고 BTC훈련을 받았다. 2008년부터 국방부 선교회원

10여 명이 BTC훈련을 받았고 국방부의 제자사역과 직장선교를 위해 뜨거운 열정으로 헌신하고 있다.

국방부의 서범출 형제는 김이수 형제와 함께 국방부 선교회의 핵심멤버로 활동하고 있으며 국방부의 지체들을 돌보고 있다. BTC 1, 3 단계 훈련을 받은 후 세종로BBB 의 지역대표 역할을 감당하고 있다.

외교부의 한충희 형제는 종교교회에서 직장인 정오 예배를 드리면서 알게 되었다. BBB모임 참석과 함께 제자훈련을 받았다. 평상시 온화한 성품으로 그리스도의 본을 보여주는 삶을 살고 있다. 외교부 선교회의 형제자매 들을 권면하여 BBB모임에 인도하였고 BTC훈련을 받게 하였다. 현재 UN 본부에서 활동하고 있다.

정보통신위원회의 정종기 형제는 정보통신부 노영규 형제의 권유로 세종로BBB모임에 참여하였다. 정보통신위원회 선교회 임원으로 활동했고 위원회 선교회원들을 모임으로 인도하였고 현재 한국전파진흥협회 부회장으로 활동하고 있으며 협회 선교회를 창립하여 선교 활동을 하고 있다.

경기도의 류덕규 형제는 경기도청선교회 총무로 수원직장선교대학 훈련을 받으면서 훈련간사와 훈련생으로 처음 만났다. 2002년~2003년에 지방에서는 처음으로 수원직선대학 1,2단계 훈련을 수료하였고 수원직선대학 핵심간사

역할을 하였다.

수원시의 이인수 자매는 경기도청 선교회 총무 류덕규 형제와 함께 수원직장선교대학 훈련을 받으면서 훈련간사와 훈련생으로 처음 만났다. 수원직선대학 핵심간사 역할을 하였고, 2004년 5월에 수원시 장안구청 기독선교회를 창립하였다.

전주시의 양영숙 자매는 2002년 국가전문행정연수원에서 운영하는 3개월 합숙과정의 여성간부양성과정 교육을 받으면서 직장선교대학 훈련을 받았다. 전주에서 NLTC 훈련을 받고 전주시청 선교회에서 제자화 사역에 헌신하였다.

군산시청 전순미 자매는 양영숙 자매와 함께 2002년 국가전문행정연수원에서 운영하는 3개월 합숙과정의 여성간부양성과정 교육을 받으면서 수원직선대학 훈련을 받았고 전주에서 NLTC 훈련을 받았다. 군산시청 선교회에서 핵심 역할을 담당하였다.

제자사역은 사단과의 치열한 영적 전쟁이다. 사단은 항상 영적으로 탁월한 지도자를 넘어뜨리려고 노력을 한다. 치열한 영적 전쟁에서 이기려면 항상 성령충만해야 한다. 성령충만하기 위해서는 항상 말씀을 붙잡고 나아가야 하며, 항상 하나님께 기도하며 나아가야 영적 전쟁에서 이길 수 있다.

우리는 탁월한 제자사역자가 되기 위해, 그리고 탁월한

제자사역자를 만들기 위해 제자훈련과 리더십 개발에 올인
하여여 한다.

5장

희망 :

다시 제자 삼으라

01.
한국 교회가 침몰하고 있다

"변화의 시대에 배우는 자들이 이 세상을 물려받을 것이요, 배운 자들은 완벽한 채비를 갖추어도 더 이상 세상이 존재하지 않을 것이다."

– 에릭 호퍼 –

한국에 기독교가 들어온 지 130년이 되었다. 우상을 섬기고 미신에 찌든 조선 땅에 기독교가 들어왔다. 조선의 외교권이 박탈된 1905년에 조선의 회개운동이 일어났다. 그 후에 평양 대부흥이 일어났다. 우리나라는 1900년대 말까지 기독교가 부흥하였다. 나라가 가난해서 가난을 면하려고 하나님께 뜨겁게 매달리며 기도했다.

그리고 우리나라 경제가 발전했다. 먹고살기에 불편함이 많이 없어졌다. 믿음 생활을 열심히 하지 않아도 괜찮았다. 기도생활을 하지 않아도 먹고사는 데 지장이 없어졌다. 신앙생활이 사치품 같아졌다. 2000년 이후 기독교가 날로 침체되고 있다. 목회자들의 열정이 사라졌다. 성도들의 기도가 약화됐다. 모이기가 점점 힘들어진다. 항상 기도원마다 성도들이 몰려 시도 때도 없이 기도했는데 언젠가부터 기도원이 한산해졌다. 모처럼 기도원에 가면 썰렁해진다.

세속화의 바람이 교회 안에 들어왔다. 대형교회는 많이 세워졌는데 영성은 약하다. 교회 재정이 투명하지 않고, 목회자들이 성추행 등으로 물의를 일으키고 있다. 교회 세습화가 이루어지고 있는데 편법을 쓰면서 자신들은 세습이 아니라고 주장한다. 교회를 사유물로 생각하는 목회자가 있다. 나는 시골의 아버지가 목회하는 교회를 그 아들이 세습하는 그러한 아름다운 모습을 보고 싶다.

각 교회 목회자들이 직장선교, 제자사역에 대한 관심과 경험이 부족하여 평신도에게 사역을 전수하지 못하는 실정이다. 많은 평신도들이 설교를 통하여 막연하게 전도하고 양육을 하여야 하겠다고 생각하고 있으나 구체적인 방법을 알지 못하여 평신도 사역을 하지 못하는 경우가 많이 있다.

평신도들이 사역단체에서 여러 가지 제자훈련을 받고 직장에서 사역을 하고 있다. 교회에서도 제자훈련을 받은 평신도를 활용하여 이를 교회에 적용하고 교회를 부흥시키는 역할을 할 수 있으나 각 교회마다 훈련된 탁월한 사역자를 활용하지 못하고 있는 실정이다. 평신도 사역자의 대가 고옥한흠 목사님이 세상을 떠나고 한국의 평신도 사역, 제자사역을 이어갈 만한 탁월한 목사가 보이지 않아 아쉽다.

평신도들이 직장에서 그리스도인의 정체성을 갖지 못하여 자신이 직장에서 그리스도인임을 당당히 드러내지 못하고 세상적인 직장문화에 동화되는 모습을 볼 수 있다. 「벧전」(2:9)에서는 "너희는 하나님의 택하신 족속, 왕 같은 제사장, 거룩한 나라, 그의 소유된 백성"이라고 말씀하고 있다. 이 말씀에 따라 세상 속에서 자신을 당당한 그리스도인으로 드러내고 직장문화에 동화되지 않고 직장문화를 바꾸는 변화의 역군으로 살지 못하고 있다.

평신도들이 직장선교에 대하여 관심이 별로 없고, 대부분의 목회자들이 평신도들에게 직장선교에 대한 비전을 잘 제시하지 못하고 있다. 오히려 목회자들이 교인들에게 직장에서보다 개 교회에서 더 헌신하고 봉사할 것을 요구하고 있다. 직장의 문화와 실상을 이해하지 못하고 평신도들에게 직장 그리스도인으로서 어떻게 생활해야 하는지 방향을 설정해 주는 역할을 하지 못하고 있다.

신앙생활을 잘하기 위해서는 영적으로 베이직 라이프(말씀, 기도, 교제, 증거)가 견고해야 한다. 그러나 교회에서 목회자들의 관심 부족 등으로 교인들에게 이러한 삶을 살도록 정확하게 권면하지 못하는 경우가 많이 있다. 말씀과 기도, 교제와 증거의 생활이 충실하지 못하고 이에 따라 성령충만한 삶을 살고 있지 못하다. 직장생활을 하면서는 당면한 업무처리, 자기개발, 여가 활용 등 바쁜 생활을 함에 따라 말씀과 기도 등 자기 스스로 영적으로 공급을 받는 생활 역시 요원하다.

직장과 사회생활을 하면서 재물, 승진, 출세 등 세속적인 것에 너무 많은 관심을 가짐으로 인하여 그리스도인의 삶과는 동떨어진 삶을 살고 있다. 이에 따라 직장에서 자신이 크리스천임을 드러내지 못하고 믿지 않는 동료 직원들과 구별된 삶을 살지 못하고 있다. 직장사역에 관심을 가지고 있지 않아 직장 내 예배모임과 사역 모임에도 잘 모이지 않는다.

직장선교, 제자사역을 효율적으로 하기 위해서는 탁월한 직장사역자가 절대적으로 필요하다. 탁월한 사역자는 교회와 신학교에서 우선적으로 양성되어야 한다. 탁월한 직장사역자는 제자훈련을 통해서 세워질 수 있다. 그러나 직장 주변의 믿지 않는 동료들에게 복음을 전하고, 믿음이 연약한 지체를 세워주는 역할을 할 사역자가 너무 부족하다.

직장 내에서 복음을 전하고 제자를 양육한 경험이 있는 사역자는 많지 않다. 각급 직장 선교회 임원들은 먼저 제자훈련을 받은 후 사역을 하면 탁월하게 사역을 할 수 있는데 여러 가지 사유로 기피하는 경우가 많다.

직장선교와 제자사역을 효율적으로 하기 위해서는 직장사역자들뿐만 아니라 목회자들도 성경에 대한 체계적이고 해박한 성경 지식을 갖추고 사역을 하여야 한다. 그러나 성경에 대한 깊은 지식이 없어 불신자들이나 믿음이 연약한 직장인들에게 직장에서의 건전한 신앙생활에 대하여 바른 방향을 올바르게 제시하지 못하는 경우가 많다.

02.
한국 교회의 제자 사역이
다시 일어나야 한다

"모든 의미 있는 사건에는 강력한 리더, 구체화된 비전, 그리고 거의 항상 적수가 존재한다."

– 프레드 스미스 시니어 –

영국의 존 스콧(John Stott) 목사는 평신도 사역의 중요성을 다음과 같이 말하고 있다.

"The first reformation put the Bible in the hands of the laymen;

the second reformation will put the ministry in the hands of the laymen."

(첫 번째 종교개혁은 평신도에게 성경을, 두 번째 종교개혁은 평신도에게 사역을 맡기는 것이다)

전 세계적으로 급속하게 도시화가 이루어지고 핵가족화 현상이 진전됨에 따라 교회에서 복음을 전하는 일이 점점 더 어려워지고 있다. 대부분의 도시인들이 잠자는 시간 외의 많은 시간을 직장 등 일터에서 보내게 됨에 따라 교회에서 직장인들에게 전도하기가 쉽지 않으며 목회자들이 직장인에게 거의 접근하기 어려운 실정이다.

평신도들이 교회에서 영적인 능력을 공급받아 직장 등 삶의 현장에서 그리스도인의 삶을 보여주어야 한다. 믿지 않는 직장 동료 등에게 복음을 전하고 믿음이 연약한 직장 그리스도인을 세워주는 역할을 하여야 한다. 그러나 이러한 역할을 할 수 있는 탁월한 사역자가 많지 않아 평신도 지도자를 세우는 사역이 큰 과제라 할 수 있다.

주님이 우리에게 명령하신 것과 같이 모든 직장 그리스도인은 주님의 지상명령과 세계비전을 가지고 헌신해야 한다. 우리의 직장에는 주님을 믿지 않는 수많은 불신 동료들이 있으며, 교회에 참석하는 동료 직원도 믿음이 견고하지 못한 경우가 많이 있다.

모든 그리스도인들은 직장 등 삶의 현장에서 복음을 전하고 제자를 양육하는 사역자로서의 삶을 살아야 한다. 그러나 교회나 직장에서 이러한 삶을 살도록 전도하고 제자를 양육하는 방법을 알려주는 목회자나 사역자가 별로 없어 연약한 믿음으로 살아가고 있다.

초교파적으로 직장선교, 제자사역에 대한 비전을 가질 수 있도록 직장선교 세미나, 워크숍 등 다양한 프로그램을 통한 사역활동을 강화하는 등 목회자들이 직장선교, 제자사역에 관심을 가져야 한다. 목회자들과 직장 선교회 임원 등 리더들이 평신도들에게 직장에서의 그리스도인의 역할 등 직장선교, 제자사역에 대한 필요성을 인식시키고 이에 대한 마인드를 심어주어야 한다.

벧전2:9에서 "너희는 하나님의 택하신 족속, 왕 같은 제사장, 거룩한 나라, 그의 소유된 백성"이라고 말씀하신 바와 같이 평신도들이 직장문화에 동화되지 않고 직장에서 자신이 그리스도인임을 다른 사람들에게 당당하게 나타낼 수 있도록 교회에서 목회자들이, 직장에서 선교회 임원 등 리더들이 그리스도인의 정체성을 갖도록 깨닫게 하여야 한다. 어떤 어려움과 고난 가운데에서도 자신이 그리스도인임을 당당히 나타내도록 하여야 한다.

직장 그리스도인은 직장에서 일상 업무와 함께 제자사역을 감당해야 하는 경우가 많이 있다. 근무시간 외의 시간에 외국어 공부, 자격시험 준비 등 자기계발을 위하여 시간을 투자하는 사람이 있는 반면에 제자사역에 헌신하는 직장 그리스도인도 있다. 직장 그리스도인은 무엇보다 먼저 하나님의 의를 구하는 삶을 살아야 하며 삶의 우선순위를 분명히 세우면서 살아야 한다.

직장에서 선교회원들이 모이기를 힘쓰며 교제하는 가운데

제자사역을 위해 힘써야 한다. 직장 선교회에서 주관하는 예배, 기도모임, 제자훈련 등 많은 사역 모임이 있다. 각종 사역 모임에 자발적으로 자원하는 마음으로 참여하여 믿음 안에서 교제하고 선교회원들을 섬기는 모습을 보여주어야 한다.

각종 사역단체에서 운영하는 목회자 NLTC(CCC), 목회자 전도폭발 임상훈련, 목회자 DTS 등 제자훈련에 목회자들이 자발적으로 참여하여 이를 바탕으로 평신도에게 제자훈련을 전수하여야 한다. 목회자가 먼저 제자훈련을 받은 후 부교역자, 전도사, 장로, 권사 등 교회 중직자들에게 교육을 받게 하여야 한다. 교수들도 제자훈련을 받아야 한다. 훈련을 받은 후 신학생들에게 제자훈련을 받도록 권면해야 한다.

많은 교회, 신학교에서 「마」(28:18~20)장을 중심으로 제자 삼으라고 설교를 하고, 강의를 한다. 정작 목회자들과 교수들은 제자 삼는 삶을 살고 있는가? 성경 어디에도 목회자들이나, 교수들은 제자 삼는 일을 안 해도 된다는 예외 규정이 없다. 오히려 솔선수범해서 제자 양육을 먼저 해야 한다. 그래야 교회가 더 부흥한다. 또한 직장 선교회 임원 등 리더들이 스스로 제자훈련을 받은 후 각 선교회원들에게 훈련을 받도록 권면해야 한다.

교회에서 목회자가 제자훈련을 받은 평신도들에게 사역을 위임하여 「딤후」(2:2)의 말씀과 같이 영적 4세대를 이루도록 재생산하는 제자를 양성하여야 한다. 평신도들에게 제자훈련을 권면하여 외부 훈련 또는 자체 훈련과정을 개설하여 제자훈련을 활성화시켜야 한다.

각 직장 선교회 임원 등 리더들이 BBB 모임 등 참석을 통하여 자연스럽게 BTC, 직장선교대학, DTS훈련 등 제자훈련에 참여할 수 있고 교회 소속 청년, 교인들에게 BBB모임 등 선교단체에 참여를 권면하여 제자 삼는 삶을 통하여 교회 내 청년부 및 선교회 등 부서의 활성화를 기대할 수 있다.

사역단체에서 직장선교대회 등 대규모 행사를 기획할 때 행사 장소를 확보하지 못하여 어려움을 겪을 때가 많이 있다. 대형교회에서 사역단체의 행사를 적극 지원하는 측면에서 장소 제공 및 시설 이용, 집기 사용 편의 제공 등 적극적인 관심과 협조가 필요하다. 교회와 사역단체가 연합하여 사역할 때 이를 통하여 한국 기독교계가 더욱 부흥하고 발전할 것으로 기대한다.

각 신학교에서는 직장선교 과목에 대하여 이론 강의도 중요하지만 현장학습을 통한 사역훈련을 강화할 필요가 있다. 졸업 전 직장 선교회 방문을 통한 직장선교 실습 등의 현장학습이 목회사역에 큰 도움이 될 것으로 기대가 된다. 각 신학교에서 「직장선교」 과목을 필수과목으로 정하여 이수토록 한다.

한국 교회에 제자사역이 새롭게 일어나려면 교회와 신학교와 각종 선교단체와 선교회가 연합하여 사역이 이루어져야 한다. 먼저 목회자와 신학교 교수, 선교회 임원들이 제자사역에 관심을 가지고, 먼저 훈련도 받고 다른 사람에게 훈련 권면을 해야 한다. 제자사역에 교회에서 많은 성도들이 일반적으로 참여할 때까지 관심을 가지고 기도해야 한다.

03.
해외 선교사들도
제자 삼아야 다시 살아난다

"인생은 단지 몇 년간 자기만족과 승진에 허비하라고 있는 것이 아니다.
인생은 보다 높은 부르심에 따라 살아야 하는 특권, 책임, 책무이다. "

– 엘리자베스 돌 –

한국 선교는 지난 40여 년간 엄청난 발전을 해왔다. 1980년 우리나라에서 파송된 선교사 수가 100명을 겨우 넘었는데 35년이 지난 2015년 말 2만 7천여 명이 되어 270배의 증가를 기록하였으며 선교사 파송 세계 2위로 알려지고 있다.

그러나 한국 선교의 명암을 돌아볼 때 어두운 그림자도 보인다고 할 수 있다. 우리나라에서 파송된 선교사들의 대부분이 한 국가 내의 1~2개 도시 안에 몰려있다는 것이 문제점으로 지적되고 있다. 예를 들어 캄보디아에는 프놈펜 지역, 네팔은 카트만두, 필리핀은 마닐라 지역에 바글바글 몰려있고 산골 오지 지역은 선교사들이 적은 편이다. 교단마다 선교사를 따로따로 보내니 지역적으로 중복이 되기도 한다.

한국 선교사들의 상위 활동 지역은 주로 동북아 C국, 미국, 필리핀, 일본, 인도, 인도네시아, 캄보디아, 러시아, 독일 등의 국가들이다. 한국 선교사들의 주요 사역 내용은 교회 개척, 제자훈련, 캠퍼스 사역이다.

아랍 이슬람 블록 국가들은 기득권층 부정부패와 서민층의 만성적인 실직, 살인적인 물가 상승으로 도탄에 빠진 민중들이 스스로 일어나려고 몸부림을 치고 있다. 변화하는 아랍권 무슬림 세계를 보며 긴 선교적인 안목으로 새로운 전략을 세워야 한다. 서서히 근간이 흔들리는 아랍권에 새 전략을 세워야 한다. 세계의 모든 지역마다 지역실정에 맞는 구체적인 선교전략을 추진하면서 원주민을 돕고 복음을 전하는 전략이 필요하다.

많은 성도들이 선교는 희생과 헌신이라고 생각하고 있다. 그러나 남경우 선교사는 선교는 믿는 사람들의 위대한 특권이며 계획이라고 주장하고 있다. 우리는 선교에 헌신하는 것이 아니라 복음에 헌신하는 것이라고 할 수 있다. 데이비드 리빙스턴은 선교는 희생이 아니라 내 인생의 최고의 기쁨이라고 주장하고 있다.

웨스트민스터 소요리 문답에서는 인간의 첫째 목적은 하나님을 영화롭게 하고 그를 영원토록 즐거워하는 것이라고 하고 있다. 하나님을 영원토록 즐거워함으로써 하나님을 영화롭게 하는 것이다. 이것이 복음의 핵심적인 내용이라 할 수 있다.

나도 선교 훈련을 받고 신앙생활을 하면서 선교 활동을 할 때 희생과 헌신이 따른다고 생각한 적이 많이 있었다. 그러나 다시 곰곰이 생각해 보니 역시 선교는 믿는 사람들의 특권이라는 생각이 든다. 선교가 특권이고 하나님이 주시는 기쁨이라고 생각할 때 더 선교에 힘쓸 수 있으리라 생각한다.

"이 천국 복음이 모든 민족에게 증거 되기 위하여 온 세상에 전파되리니 그제야 끝이 오리라"고 「마」(24:14)에서 말씀하고 있다. 우리 믿는 사람들이 아직 복음이 들어가지 않은 나라에 들어가서 복음을 열심히 전하고 하나님이 기뻐하시는 사역을 감당할 것을 다짐하고 우리에게 맡겨진 성도들에게 선교 활동에 열심히 동참할 것을 권면하고자 한다.

그러면 21세기 효율적인 선교를 위하여 선교사는 어떤 사람들이 되어야 할까?

첫째, 교회의 공통 토대에 근거한 소명의 독특성을 가진 사람들이어야 하며

둘째, 겸손과 희생과 섬김의 사람들이어야 하며

셋째, 세계 교회와 호환, 협력이 가능하도록 훈련된 사람들이어야 한다.

21세기의 선교사들은 성경적 선교신학의 기초를 든든히 가지고 선교역사를 통해 나타난 교훈들과 전략들을 섭렵하

는 가운데, 문화인류학을 비롯한 사회과학 공부를 통해 자신의 삶과 변화하는 세계에 대한 깊은 이해를 도모하며 어떻게 효과적으로 과업들을 수행할지를 알기 위해 선교학을 공부해야 한다. 효율적인 선교를 위해 자신이 선교하고자 하는 지역의 민족, 문화에 대해 충분히 습득하여야 하며 현지에서 의사소통에 지장이 없도록 해당 민족의 언어를 미리 배워야 한다.

이용남 선교사의 저서 『복음에 미치다』는 우리나라에 처음으로 복음이 들어올 당시의 모습을 실감 나게 보여주고 있다. 한국을 사랑한 선교사들의 헌신에 깊은 감동을 받게 된다.

미국의 루비 캔드릭 선교사는 한국에 온 지 8개월 만에 24세의 젊은 나이로 순교하였다. 양화진에 있는 그의 비문에는 아래와 같이 기록되어 있어 한국을 얼마나 사랑하는지 알 수 있다.

"내게 줄 수 있는 천 번의 생명이 있다면 나는 그 천 번의 삶을 한국을 위해 바치겠다."

대한결핵협회를 창설했던 셔우드 홀 선교사는 1984년 91세 나이에 그의 아버지 제임스 홀이 세운 광성고등학교의 초청을 받아 아내 메리안과 함께 한국 땅을 밟았다. 1940년 일본에 의해 강제추방 당한 뒤 처음으로 한국에 오면서 감회가 남달랐다고 한다.

거동이 불편한 셔우드 홀 선교사는 휠체어에 몸을 의지하여 양화진 선교사 묘역에 있는 부모님의 묘를 찾았다. 아버지 제임스 홀의 이름과 어머니 로제타 선교사의 이름을 보면서 그는 눈물을 주체하지 못하였다. 2년 만에 남편을 이 땅에 묻고, 세 살 된 딸 에디스를 묻고, 손자의 죽음까지 지켜본 어머니, 한평생 이 땅을 섬기고 가신 어머니의 이름 앞에서 그는 한없이 울면서 다음과 같이 전했다.

"저는 여전히 한국을 사랑합니다. 우리도 죽으면 우리를 아버지의 고향 캐나다에도 어머니의 고향 미국에도 묻지 마십시오. 내가 태어나서 자란 곳, 나의 생애를 다 드린 이곳에 나를 묻어 주십시오. 일본 사람에게 추방당해서 인도에 갔을 때에도 단 하루도 잊지 않고 눈물로 기도했던 나의 조국 땅에 우리를 묻어 주세요. 우리가 은퇴해서 캐나다에서 쉬고 있을 때도 한국의 장롱과 고무신을 가져가고 한국의 유품을 벽에 걸어 놓고 단 하루도 잊지 않고 눈물로 기도했던, 내가 태어나 자라난 땅, 나의 생애를 다 드린 나의 조국 땅에 우리를 묻어 주시기 바랍니다."

나는 예수전도단 훈련을 받으면서 네팔에 단기선교여행

을 다녀왔다. 호프선교미션 훈련 등을 받으면서 필리핀, 캄보디아에 다녀왔다. 나는 여러분에게 선교 훈련을 받으면서 단기선교여행을 다녀오도록 권면하고 싶다. 현지 국가를 방문하면서 선교가 필요하다는 것을 알 수 있다.

우리 하나님의 자녀들은 '빚진 자'들이다.

첫째는 하나님의 무한하신 은혜에 영원히 갚을 수 없는 빚을 졌고
둘째는 복음을 전해준 선교사들에게 엄청난 빚을 졌고
셋째는 개인을 구원으로 이끌어준 전도자에게 빚을 졌고
넷째는 복음으로 양육받은 교회에 빚을 졌다.

이것을 통틀어 우리는 '복음에 빚진 자'라고 말할 수 있다.
이제는 우리가 복음의 빚진 자로서 열방을 향하여 나아가야 한다.

04.
잘 준비된 한 사람의 제자가
이 시대의 희망이다

"리더의 최종 시험은 그가 다른 이들에게 사역을 계속할 신념과 의지를 남겨주었느냐이다."

– 월터 리프먼 –

나는 공직생활 40년, 제자사역 20년의 길을 걸어왔다. 나는 어려서부터 청년기까지 하나님을 알지 못하는 자였고, 결혼을 하면서 아내에게 억지로 끌려다니던 껍데기 신자였다. 직원들과 함께 술도 즐기고 세속적인 삶을 살았다. 이후 교회에 제 발로는 다녔으나 평범한 신자였다. 원주시, 강원도청을 거쳐 내무부(행정자치부)로 올라오면서 기독선교회 활동을 하였다. 처음에는 예배, 기도모임에 소극적으로 참여하는 정도였다.

행자부 선교회 임원들로부터 제자훈련을 받았으면 좋겠다는 권면에 억지로 떠밀려 훈련을 받았다. 훈련 내용이 그동안 신앙생활을 하면서도 교회에서 전혀 들어보지 못한 내용이 많았고, 내 마음에 감동이 되었다. 지방 출장을 많이 다녀 훈련을 빠질 수 있는 적당한 핑곗거리가 될 수도 있었다. 하지만 강의에 빠지지 않기 위해 비행기를 타고 다니면서 훈련을 받았다. 훈련을 받은 후 나는 예수님의 제자가 되었다. 제자를 양육하고 훈련시키는 사역자가 되었다. 교회를 다닌 지 대략 15년 만에 사역자가 된 셈이다.

그리스도인 한 사람이 제자가 되는 데에는 시간이 걸린다. 시간이 짧게 걸리기도 하지만 오래 걸리기도 한다. 나는 그리스도인이 되는 데 30년이 걸렸고, 그 이후 제자사역자가 되는 데 15년이 걸렸다. 그만큼 탁월한 제자사역자를 세우는 데 오래 걸리기도 하고 힘들기도 하다. 그렇다고 포기할 수도 없다.

한 사람의 제자가 세워지려면 먼저 신앙의 기초가 확립되어야 한다. 먼저 구원의 확신이 있어야 한다. 또한 그리스도가 자신의 삶을 주관하는 주재권을 인정해야 한다. 선교단체의 사역에 참여하여야 한다. 영적 성장을 하기 위해 말씀과 기도, 교제와 증거하는 삶이 생활화되어 베이직 라이프가 견고해야 한다.

신앙의 기초가 확립된 이후에는 맨투맨과 제자훈련이 이루어져야 한다. 사역자가 되기 위해 직장선교의 필수 요소인 제자훈련을 받아야 한다. 전도와 양육을 위한 BTC훈련, 직장선교대학 훈련, 전도폭발훈련이 있다. 영성 개발을 위한 DTS(예수제자훈련학교)훈련이 있다. 해외선교를 위한 선교훈련이 있다. 내 사역을 전수할 수 있도록 한 직장에서 탁월한 제자를 세워야 한다. 또한 리더가 되기 이전에 리더십 훈련을 받아야 한다.

리더십 훈련을 받은 이후에는 직장 크리스천 리더로서의 제자사역을 하여야 한다. 각 선교단체, 선교회의 회장, 부회장 등 임원으로서의 역할을 효율적으로 해야 한다. 또한 1명의 제자가 아니라 여러 명의 제자를 반복해서 양육할 수 있도록 해야 한다. 예수님은 공생애 3년 동안 12명의 제자를 양육하셨다. 그렇다면 자신의 사역 기간 동안에 적어도 3, 4명 이상은 충분히 양육할 수 있지 않을까 생각한다.

하나님께 쓰임받는 탁월한 사역자를 선발하기 위하여 직장에서 믿음이 좋은 선교회원들에게 관심을 가지고 제자훈련을 받을 것을 권면하게 된다. 그러나 직장에서 업무를 처리하는 것 외에 제자사역에 별도로 많은 시간을 투자하고 여러 가지 모양으로 대가를 지불하는 등 헌신적인 사역을 원하는 사람은 많지 않다.

우리나라 기독교의 새로운 부흥과 발전을 위하여 교회의 목회자, 장로와 권사 등 중직자와 신학교의 교수, 학생들, 각 직장 선교회의 임원들과 회원들 모든 사람들이 직장선교와 제자사역에 관심을 가지고 우선적으로 제자훈련에 참여해야 한다.

　주님은 모든 민족으로 제자 삼으라고 말씀하셨다. 성경 어디에도 목회자와 교수는 예외적이라고 말씀하는 곳이 없다. 강단의 설교와 수업시간의 강의를 통하여 제자사역을 대체할 수 없다. 맨투맨이나 소그룹으로 제자사역이 이루어져야 한다. 교회의 성도들과 신학교의 학생들이 적극적으로 참여해야 한다. 해도 좋고 안 해도 좋은 것이 아니다. 필수적으로 해야 한다. 내가 세운 한 명의 탁월한 사역자가 이 시대의 희망이 되어야 한다.

05.
나는 뜨거운 심장으로
다시 제자사역을 외친다

"우리 자신의 끝에 도달하면, 주님의 시작에 다다른다"

– 빌리 그레이엄 –

한국에 기독교가 들어온 지 130여 년이 지났다. 일제 식민지 생활, 8·15 광복 후 혼란스러운 정국, 6·25전쟁 등 어려움을 거치면서 성장하고 발전하여 왔다. 세계에서 해외 선교사 파송 2위라는 큰 업적을 이루고 있다.

나는 6·25전쟁 직후 찌들게 가난한 시대에 태어나 희망이 없는 세대로 성장했다. 어려서부터 청년기에 이르기까지 하나님을 알지 못했다. 주변에 많은 그리스도인이 있었을 것이고 어릴 적에 교회에서 강냉이 빵과 우유 덩어리 같은 구호물품을 받아 먹었었는데 교회 나오라고 말해주는 사람도 없었다. 전도 받을 기회도 없었다. 나에게 복음은 땅끝이었다.

원주시청에 근무하면서 같이 근무하는 여직원으로부터

교회에 나가보라는 권유에 억지로 교회에 끌려 다니는 신세가 되었다. 껍데기 신자였다. 시간이 지나 제 발로 다니게 되었고 강원도청을 거쳐 내무부(행정자치부)로 올라오게 되었다. 행자부 선교회 강필구 형제를 만났다. 운명적인 만남이었다. 임원들의 권유로 직장선교대학 훈련을 받았다. 이름도 없는 평범한 사역자였다. 반복적인 제자훈련을 받고 행자부선교회 부회장, 정부서울청사기독선교연합회 부회장, 세종로BBB 모임대표로 활동했고 한국기독교직장선교회연합회 자문의원으로 활동하고 있다. 공직생활 40년 제자사역 20년의 결실이다.

직장선교와 제자사역 20년. 척박한 땅, 험난한 길이었다. 누가 알아주지도 않는 일이었다. 피와 눈물과 땀이 있는 길이었다. 누구는 3D 업종이라고 했다. 때로는 힘들고 어려웠다. 때로는 위험하기까지 했다. 다른 직원은 일만 하기만 하면 되었다. 우리는 일뿐만 아니라 사역까지 해야 했다. 목회자는 돈을 받고 사역을 하지만 제자사역자는 돈을 받고 하는 것이 아니라 오히려 돈을 쓰면서 하는 사역이었다.

제자사역에 비전이 없는 직장 그리스도인을 만나 맨투맨을 하자고 하면 처음부터 적극적으로 관심을 나타낸 사람은 단 1명도 없었다. 여러 번의 차 한잔, 식사와 나눔을 통하여 이루어졌다. 세찬 칼바람이 부는 겨울에 '내가 하는 사역이 맞나?' 자문해 보기도 했다. 결론은 '맞다'였다. 그래서 사역을 했고 멈추지 않았다. 오래전에 맨투맨을 했던 사역 자들이 이제 동역자가 되어 나보다 더 큰 사역을 하고 있다. 어떤 때는 나를 부끄럽게 할 때도 있다. 이 모든 것이 하나 님의 은혜였다.

지금 한국 교회가 침체되고 있다. 성도들이 줄어들고 있 다. 말씀의 힘이 약하다. 기도하는 자가 줄어들고 교회학교 가 줄어들고 있다. 영성이 식어가고 있다. 교회가 세속화되 고 있다. 교회의 세습화 사유화를 시도하고 있다. 목회자가 성추문 등으로 지탄을 받고 있다.

한국 교회의 위기다. 총체적인 위기다.

한국 교회의 위기, 해결책은 없을까? 직장선교와 제자사 역 그것이 답이다. 한국 교회의 희망, 직장선교와 제자사역 에 달려있다. 한국 교회의 모든 목회자, 신학교의 모든 교 수, 사역단체와 직장 선교회의 모든 임원들에게 제자사역에 집중하고 헌신할 것을 당부하고 싶다. 일회적인 이벤트성 행사는 과감하게 줄이는 것이 좋다. 강단의 설교와 신학교 의 강의로 제자사역을 대체할 수 없다. 맨투맨과 소그룹에 서부터 시작해야 한다. 제자사역을 하는 사람은 먼저 제자 훈련을 받아야 한다. 훈련에 관심을 가지고 시간투자만 하면 충분히 가능하다.

나는 뜨거운 심장으로 다시 제자사역을 외친다. 교회 목회자들과 신학교 교수 사역단체, 직장 선교회 임원들이 제자사역에 관심을 가지고 헌신하면 우리나라 교회는 다시 부흥할 수 있다. 1905년 평양의 대부흥이 다시 일어날 수 있다. 서울에서 부산에서, 대구 인천 광주 대전 울산 세종시 등 각 지역에서 다시 일어날 수 있다.

제자사역, 나도 할 수 있고 당신도 할 수 있다. 나부터 솔선수범하여 참여하면 교회가 바뀐다. 신학교가 바뀐다. 선교단체, 직장 선교회가 부흥하게 된다.

언제 어디에서? 지금 여기서부터 Now and Here.

No pains No gains.

No cross No crown.

수고함이 없이 쉽게 얻어지는 것은 없다.

십자가의 고난 없이 면류관이 없다.

이강일의
제자사역을 향한 꿈

-잘 준비된 한 사람의 제자가 이 시대의 희망이다 -

한국에 기독교가 들어온 지 130년이 되었다. 우상을 섬기고 미신에 찌든 조선 땅에 기독교가 들어왔다. 조선의 외교권이 박탈된 1905년에 조선의 회개운동이 일어났다. 그 후에 평양 대부흥이 일어났다. 우리나라는 1900년대 말까지 기독교가 부흥하였다. 나라가 가난해서 가난을 면하려고 하나님께 뜨겁게 매달리며 기도했다.

우리나라 경제가 발전하면서 믿음생활을 열심히 하지 않았다. 신앙생활을 열심히 하지 않아도 먹고 사는 데 지장이 없어졌다. 2000년 이후 기독교가 날로 침체되었다. 목회자들의 열정이 사라졌다. 성도들의 기도가 약화됐다. 모이기가 점점 힘들어진다. 항상 기도원마다 성도들이 몰렸는데 언젠가부터 기도원이 한산해졌다. 모처럼 기도원에 가면 썰

령하다.

　세속화의 바람이 교회 안에 들어왔다. 대형교회는 많이 세워졌는데 영성은 약하다. 교회 재정이 투명하지 않고, 목회자들이 성추행 등으로 물의를 일으키고 있다. 교회 세습화가 자주 이루어지고 있다. 교회를 사유물로 생각하는 목회자가 있다. 나는 시골의 아버지가 목회하는 교회를 그 아들이 세습하는 그러한 아름다운 모습을 보고 싶다.

　각 교회 목회자들이 직장선교, 제자사역에 대한 관심과 경험이 부족하여 평신도에게 사역을 전수하지 못하는 실정이다. 많은 평신도들이 설교를 통하여 막연하게 전도하고 양육을 하여야 하겠다고 마음속으로 생각하고 있으나 구체적인 방법을 제대로 알려 주는 목회자는 별로 없다. 충성된 성도들이 교회에서 제자사역을 하려고 하면 목회자들은 이것을 별로 좋아하지 않는다.

　주님이 우리에게 명령하신 것과 같이 모든 직장 그리스도인은 주님의 지상명령과 세계비전을 가지고 헌신해야 한다, 우리의 직장에는 주님을 믿지 않는 수많은 불신동료들이 있으며, 교회에 참석하는 동료직원도 믿음이 견고하지 못한 경우가 많이 있다. 모든 그리스도인들은 직장 등 삶의 현장에서 복음을 전하고 제자를 양육하는 사역자로서의 삶을 살아야 한다. 그러나 교회나 직장에서 이러한 삶을 살도록 하는 구체적인 방법을 알려주는 목회자, 사역자가 별로 없어 연약한 믿음으로 살아가고 있다.

1999년 3월 행자부 선교회 임원들로부터 제자훈련을 받았으면 좋겠다는 권면에 억지로 떠밀려 훈련을 받았다. 훈련 내용에 그동안 신앙생활을 하면서도 교회에서 전혀 들어보지 못한 내용이 많았고, 내 마음에 감동이 되었다. 지방 출장을 많이 다녀 훈련받기에 어려움이 있었으나 강의에 빠지지 않기 위해 비행기를 타고 다니며 훈련을 받았다.

훈련을 받은 후 나는 예수님의 제자가 되었다. 제자를 양육하고 훈련시키는 사역자가 되었다. 교회를 다닌 지 대략 15년 만에 사역자가 된 셈이다. 그 후 계속하여 제자훈련을 받았고 10명 이상의 제자를 양육했다. 제자를 양육하는 데 시간이 많이 걸린다. 그러나 나는 제자 양육을 멈출 수가 없다. 주님의 지상명령이기 때문이다.

지금 한국 교회가 침체되고 있다. 성도들이 줄어들고 있다. 말씀의 힘이 약하다. 기도하는 자가 줄어들고 있다. 교회학교가 줄어들고 있다. 영성이 식어가고 있다. 교회가 세속화되고 있다. 교회의 세습화, 사유화를 시도하고 있다, 목회자가 성추문 등으로 지탄을 받고 있다.

한국 교회가 위기를 맞고 있다.

한국 교회의 위기, 해결책은 어디에 있을까? 직장선교와 제자사역, 여기에 답이 있다.

한국 교회가 부흥하기 위해 새롭게 변화하여야 한다. 마 28장의 말씀에 따라 '제자 삼으라'고 강단에서 산발적으로 말씀이 선포되지만 실제로 적용되고 있는 경우가 많지 않다. 제자사역이란 용어가 화석화되어지는 것 같다.

한국 교회의 목회자, 부교역자, 전도사, 장로, 권사 등 모든 리더들이 먼저 변화하여야 한다. 우리나라 각 교회마다 수많은 프로그램과 다양한 사역이 있다. 일회성 프로그램과 행사들이 많이 있다. 교회마다 제자사역이 먼저 일어나야 하나, 가장 중요한 제자사역이 다른 사역에 밀리고 있다. 안타까운 일이다. 우선순위가 바뀌어야 한다. 교회의 리더들이 먼저 제자훈련을 받고 성도들을 대상으로 1명씩 제자사역자로 세운다면 엄청난 변화가 일어날 것으로 기대한다. 교회가 새롭게 부흥할 것이다.

신학대학, 신학교에서도 제자사역이 일어나야 한다. 신학 교수도 신학생들을 대상으로 제자사역자로 세워야 한다. 수업시간의 강의로 제자사역을 대체할 수 없다. 교수가 신학생을 제자화하여야 한다. '직장선교'도 가르쳐야 한다. 신학교에서 가르치지 않으면 누가 가르치겠는가? 교수가 신학생을 가르치고 신학생이 일반 성도를 가르치고 제자사역자로 세워야 한다.

각 사역단체와 직장 선교회에서도 모든 임원들이 제자사역에 집중하여야 한다. 선교회장, 부회장, 총무 등 임원들이 스스로 제자훈련을 먼저 받고 다른 회원들에게 훈련을 받도록 권면하여야 한다. 임원들이 먼저 제자훈련을 받고 일반 회원들을 제자사역자로 세우면 각 직장 선교회가 급속하게 부흥할 것으로 확신한다.

제자사역, 나도 할 수 있고 당신도 할 수 있다. 나부터 솔선수범하여 제자사역에 참여하면 교회가 바뀐다. 신학교가 바뀐다. 선교단체, 직장선교회가 부흥하게 된다. 지금 여기서부터 시작하면 된다. 한국 교회의 소망, 직장선교와 제자사역에 달려 있다. 잘 준비된 한 사람의 제자가 이 시대의 희망이다.

한국 교회의 모든 목회자와 리더, 신학교의 교수와 신학생, 각 선교단체와 선교회의 임원과 회원들이 직장선교와 제자사역에 관심을 가지고 헌신하여야 한다. 모든 그리스도인들이 제자훈련을 받고 침체된 한국 교회를 새롭게 부흥시키는 주역이 되시기를 기대하고 싶다.

하나님의 은혜로
제자사역의 일꾼이 되시기를 바라며

나폴레옹 군대의 군사들 중에, 너무 엄청난 잘못을 저질러 사형받아 마땅한 어린 병사가 있었다. 그는 총살형을 선고받았는데, 그 집행일 하루 전날 그의 어머니가 나폴레옹을 찾아와 아들에게 은혜를 베풀어 줄 것을 간청했다. 그러나 나폴레옹은 "부인, 당신의 아들은 은혜를 입을 자격이 없어요." 하고 잘라 말했다. 그러자 그 부인은 물러서지 않고 당당하게 대답했다.

"알고 있습니다. 제 아들에게 그럴 자격이 있다면 그건 은혜가 아닐 것입니다."

엘리스 그레이 『내 인생을 바꾼 100가지 이야기』 에서

그렇다. 우리는 은혜를 받은 자이다. 하나님의 너무 큰 은

혜를 입은 자들이다. 사도 바울은 「에베소서」 (2:8~9)절에서 말한다.

"너희가 그 은혜에 의하여 믿음으로 말미암아 구원을 받았으니 이것은 너희에게서 난 것이 아니요 하나님의 선물이라 행위에서 난 것이 아니니 이는 누구든지 자랑하지 못하게 함이라"

우리는 죽을 수밖에 없는 죄인이었다. 하나님의 은혜로 하나님의 자녀가 된 삶을 살고 있다.

나는 어린 시절부터 청년기에 이르기까지 하나님을 모르는 자였다. 결혼 후 교회에 다녔지만 세속적으로 살았다. 내세울 것이 없는 부끄러운 평범한 그리스도인이었다. 가끔 행자부 선교회 예배를 드리면서 친교를 나누는 그런 정도였다.

"오직 성령이 너희에게 임하시면 너희가 권능을 받고 예루살렘과 온 유대와 사마리아와 땅 끝까지 이르러 내 증인이 되리라 하시니라" (행 1:8)

"그러므로 너희는 가서 모든 민족을 제자로 삼아 아버지와 아들과 성령의 이름으로 세례를 베풀고 내가 너희에게 분부한 모든 것을 가르쳐 지키게 하라 볼지어다 내가 세상 끝 날까지 너희와 항상 함께 있으리라

하시니라"(마28:19~20)

나는 이 말씀의 깊은 의미를 잘 몰랐다. "이 말씀대로 살아가는 성도들이 얼마나 될까?" 대답은 '글쎄'라고 말할 수밖에 없다. 강단에서 설교를 통하여 들었지만 구체적인 방법 등은 알려주지 않고 막연하고 추상적인 설교일 뿐이었다.

행자부 선교회 임원들의 반강제적인 권유로 직장선교대학 제자훈련을 받았다. 큰 기대를 하지 않고 훈련을 받았다. 업무가 바쁘고 지방 출장이 많아 훈련받기가 어려웠다. 그러나 첫 번째, 두 번째 강의를 들어보니 기대 이상이었다. 강의를 빠지면 안 될 것 같았다. 지방 출장 중에 강의가 있으면 비행기로 서울로 올라와서 훈련을 받았다.

직장선교의 비전, 직장전도의 필요성 등의 강의는 신앙생활 15년 이상 해왔지만 전혀 들어보지 못한 강의였다. 직장에서 '전도하고 제자를 양육하는 삶'을 살아야겠다는 생각이 다가왔다. 말은 쉬웠지만 사실상 쉬운 일은 아니었다. 많은 시간과 물질이 들어가고 마음이 투자되는 것이었다. 어떤 사람은 "이 바쁜 세상에 그런 소모적인 일을 하냐"고 핀잔을 주었다. 그래도 해야 할 사역이었다. 우리는 사도행전 1장, 마태복음 28장의 말씀과 같이 주님이 주신 지상명령에 따르는 삶을 살아야 한다. 당신도 이 말씀에 순종해야 하지 않을까?

전도하고 제자를 양육하는 제자사역, 목회자들만, 신학교에서만 하는 것이 아니다. 한국 교회의 모든 목회자와 성도, 모든 신학교의 교수와 신학생, 모든 사역단체와 선교회의 모든 임원과 회원들이 함께 동참해야 한다.

한국 교회가 침체되고 있다. 하지만 한국 교회에 제자사역의 붐이 일어난다면 새롭게 부흥할 수 있다. 1905년 평양 대부흥이 일어났듯이 한국의 대부흥이 새롭게 일어날 수 있다. 제자사역에 관심을 가지고 참여하면 충분히 할 수 있다. 솔선수범하여 먼저 제자훈련을 받자. 나도 할 수 있다. 당신도 할 수 있다. 충분하게 할 수 있다. 주님께서 "추수할 것은 많되 일꾼은 적다"고 마태복음 9장에서 말씀하셨다. 우리가 일꾼이 되어야 한다.

우리가 마음만 먹으면 '전도하고 제자를 양육하는 삶'을 살 수 있다. 제자훈련을 받고 제자사역에 동참하면 된다. "잘 하였도다 착하고 충성된 종아 네가 적은 일에 충성하였으매 내가 많은 것을 네게 맡기리니 네 주인의 즐거움에 참여할지어다." 이 책을 읽는 모든 그리스도인들이 마태복음 25장의 말씀과 같이 주님께 칭찬받는 제자사역자, 착하고 충성된 종이 되시기를 바란다.

이 책을 쓰는 동안 옆에서 많은 관심을 가지고 기도를 해준 김옥선 사모와 두 아들, 광재와 민재, 며느리와 손자, 세영이와 수혁이에게 감사한 마음을 전하고자 한다. 또한 이 책을 마무리하면서 좋은 책이 나올 수 있도록 코칭해 주신 박성배 박사님께 감사드리며 품위 있게 책을 출간할 수 있도록 수고해 주신 도서출판 행복에너지 권선복 대표님과 임직원 여러분께 감사드린다.

2019년 4월
이강일

| 권선복
도서출판 행복에너지 대표이사

종교에 있어서 가장 기본적인 활동 중 하나가 '선교'라고 할 수 있을 것입니다. 각 종교와 교단의 특성에 따라 방식과 규모는 각기 다르지만 직접적으로든, 간접적으로든 선교를 하지 않는 종교는 없다고 봐도 무방합니다.

'신약성경'에 의하면 기독교 역시 예수 그리스도의 뜻을 받든 12제자의 선교 활동에 의해 전 세계로 퍼져나가 지금의 세계종교가 되었습니다. 그렇기에 기독교에서 선교 활동은 교인이라면 반드시 실천해야 할 가장 중요한 활동 중 하나이기도 합니다.

이 책『다시 제자가 온다』의 저자 이강일 목사는 현재 대형교회 위주로 행해지는 이벤트성의 선교 활동을 비판하며 일대일 방식으로 전수되는 '제자사역'과 직장에서부터 시작되는 '직장선교'를 강조합니다.

이강일 목사가 말하는 '제자사역'은 단순히 비신자에게 입교를 권하고, 교인들 간에 친교를 다지는 일반적 사역에서 한 걸음 더 나아간 사역이라고 할 수 있습니다. 특별히 역량과 열정을 갖춘 교인을 선정하고, 훈련의 과정을 거치게 함으로써 제자를 키워내며, 그 제자가 또 다른 제자를 육성하게끔 하는 이강일 목사의 제자사역 과정은 기독교인으로서 자신의 모든 것을 내려놓고 봉사하는 마음이 않고서는 불가능한 일입니다.

실제로 사례로 소개되는 이강일 목사 본인의 제자사역 일기는 그야말로 봉사와 희생이라는 단어가 잘 어울리는 모습을 보여주고 있습니다. 직장 동료와 아내의 영향으로 마지못해 교회를 나가던 '껍데기 신자'에서 제자사역 훈련을 받으며 '그리스도의 제자'로 변화되어 가는 모습, 출근 전 시간에 훈련을 받기 위해 혹한의 한겨울에 새벽같이 일어나고, 비행기로 서울과 출장지를 왕복하면서 훈련을 받는 모습 등이 그 예입니다.

세속적인 즐거움을 내려놓고 어려움 속에서도 제자를 육성하는 것은 예수 그리스도의 길을 따르는 일이며 교인으로서 가장 숭고한 소명이 될 것입니다. 이 책 속에 담긴 이강일 목사의 신념과 조언이 뜻 있는 교인들에게 마중물의 역할을 해주길 기원해 봅니다.

공무원 탐구생활

김광우 지음 | 값 15,000원

『공무원 탐구생활』은 '공무원'에 대해 속속들이 들여다본 책으로, 다양한 시각으로 공무원에 대해 분석하고 있다. 특히 '공무원은 결코 좋은 직업이 아니다'라며 기본적으로 비판적인 시각을 가지고 분석한다는 걸 특이점으로 꼽을 수 있다. 이미 공직에 몸담은 공무원뿐만 아니라, 공무원을 준비하고 있는 이들에게도 앞으로의 진로 설정 방향과 공무원에 대한 현실을 세세히 알려준다. 30년이 넘는 시간 동안 공직생활을 통해 쌓아 온 저자의 경험이 밑바탕이 되어 독자들에게 강한 신뢰감을 준다.

일어나다

박성배 지음 | 값 15,000원

책 『일어나다』는 '고난은 신이 주신 선물'이라는 명제 아래, 이 힘겨운 삶을 이겨내고 행복을 품에 안기 위해 반드시 갖춰야 할 태도와 노하우를 담은 책이다. 저자의 풍부한 경험과 학문적 연구를 바탕으로 '책, 사람, 꿈, 믿음'이라는 네 가지 주제를 든든한 삶의 버팀목으로 제시한다.

새 집을 지으면

정재근 지음 | 값 12,000원

시집 『새 집을 지으면』에서 저자는 늘 마음의 중심이 되어주던 부모님과 스승들의 가르침을 되새기며 평생을 소명으로 여기던 공직자로서의 삶에 대한 감회와 후배들에 대한 당부를 덧붙인다.

대나무, 난초와 같은 향기를 담은 이 시집을 읽다 보면, 선비의 풍모를 간직하고 있는 저자의 은은한 인문학적 묵향(墨香)에 독자들도 물들고, 시집 속에서 공직자로서 좋은 귀감을 삼을 대상을 마주할 수 있을 것이다.

나부끼는 깃발은 사랑이었노라

이옥진 지음 | 값 15,000원

한 교회에서 25년간을 목사의 아내로 활동한 저자는 다양한 이웃들을 만나고, 기쁨과 슬픔을 함께하며 느꼈던 수많은 감정들을 성경의 일화에 빗대어 묵상하며 하나님의 임재와 기적을 이야기한다. 교회에 다니지만 아직 참된 진리를 알지 못하는 사람, 혹은 하나님의 임재를 느끼고 싶어 하며 신앙의 목마름을 느끼는 교인들은 이 책을 통해 성경 읽기를 생활화하여 영혼을 변화시킬 수 있을 것이다.